JOSEPH RABIE

GUÉRIR

L'ATTACHEMENT ANXIEUX ET LA DÉPENDANCE AFFECTIVE

EN 5 ÉTAPES

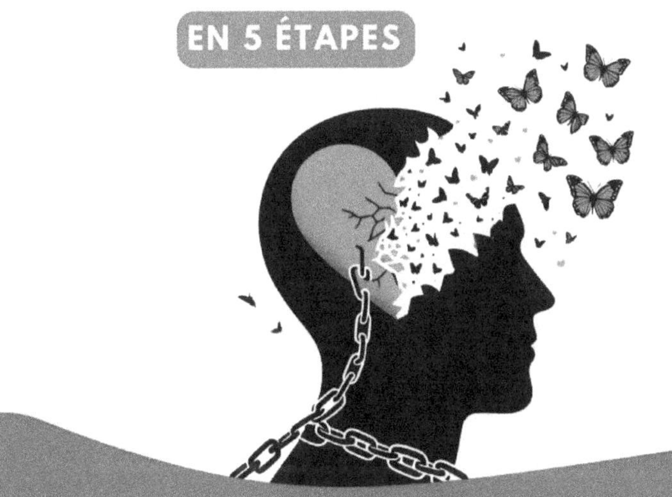

Table des matières

Introduction:

L'attachement anxieux, c'est un poids constant sur le cœur. Un compagnon indésirable qui vous suit à chaque instant, même dans les moments censés être les plus joyeux. Dès le matin, c'est la même rengaine qui vous saisit. Cette boule d'angoisse au creux de l'estomac, ce pressentiment que quelque chose de terrible va arriver. Comme si le simple fait d'ouvrir les yeux suffisait à déclencher un signal d'alerte dans tout votre être. Ensuite, tout n'est qu'une succession d'épreuves à surmonter. Aller travailler, voir des amis, des proches... Autant d'occasions de raviver vos peurs les plus profondes. Cette trouille irraisonnée qu'on vous abandonne, qu'on vous rejette. Que vous ne soyez tout simplement pas assez bien pour être aimé. **Une dépendance affective** tenace vous pousse à rechercher constamment l'approbation et la présence rassurante de l'autre.

Dans ces moments-là, votre mental devient votre pire ennemi. **Votre hypersensibilité** est mise à rude épreuve, vous devenez réceptif au moindre signe pouvant être interprété comme un rejet. Il vous joue des tours, vous fait imaginer les pires scénarios. Une remarque anodine prend d'un coup des proportions démesurées. Et vous voilà persuadé qu'on vous en veut, qu'on se moque de vous. Vos proches ont beau vous rassurer, vous réconforter, rien n'y fait. La peur est plus forte que tout. Même avec les personnes les plus chères, vous ne pouvez vous empêcher de douter sans cesse. *"M'aime-t-on vraiment ?"* vous demandez-vous encore et encore. Cette dépendance émotionnelle crée un besoin viscéral d'être constamment validé et rassuré. Dans l'intimité d'un couple, c'est un véritable calvaire. L'absence prend des allures de drame shakespearien. Un simple message auquel on ne répond pas suffit à vous faire paniquer. Votre hypersensibilité se décuple, vous scrutant la moindre action à la recherche d'un signe de rejet potentiel. Votre partenaire doit constamment vous rassurer, au risque de se sentir étouffé par cette demande perpétuelle d'affection.

Le soir venu, impossible de trouver le repos. Votre tête est un véritable moulin à ruminations. Vous ressassez chaque mot, chaque geste, en quête du moindre indice de rejet potentiel. Épuisé mais l'esprit sans répit, vous errez dans un brouillard de doutes et d'angoisses nourries par votre hypersensibilité émotionnelle. Bien sûr, vous savez que ces peurs sont irrationnelles. Que les gens qui vous entourent vous aiment sincèrement. Mais rien n'y fait, c'est plus fort que vous. Comme un disque rayé qui se rejouerait en boucle dans votre esprit, entretenu par cette dépendance émotionnelle étouffante. Alors oui, vivre avec l'attachement anxieux, c'est un combat de tous les instants. Une lutte épuisante contre vous-même. Contre cette voix intérieure qui vous pourrit la vie à coups de "et si...?". Un véritable parcours du combattant pour tenter de trouver un peu de paix intérieure.

Je me souviens d'une journée où j'avais prévu une rencontre importante. J'avais anticipé les interactions, analysé chaque détail, mais une fois sur place, l'anxiété d'abandon a pris le dessus. Mes pensées ont été envahies par des scénarios catastrophes, et la rencontre s'est transformée en un terrain émotionnellement instable. La frustration était profonde, non seulement en raison de l'échec de la rencontre, mais aussi parce que je savais que je pouvais avoir des relations plus saines. C'est dans ces moments-là que l'attachement anxieux se fait ressentir de manière poignante. Et Je me souviens , aussi, d'un dîner avec des amis où tout le monde parlait avec entrain. J'essayais de suivre les conversations, mais j'étais obsédé par le fait que personne ne me regardait ni ne me posait de questions. J'en ai conclu que je devais les ennuyer, qu'ils ne m'appréciaient pas. Je me suis renfermé sur moi-même, rongé par l'angoisse d'être exclu. J'aurais aimé profiter du moment, mais mon attachement anxieux m'en empêchait.

Ces souvenirs révèlent une réalité complexe : celle de vivre avec un attachement anxieux qui colore nos interactions sociales. Cette anxiété peut se manifester de manière subtile ou évidente, mais elle influence invariablement notre perception de nous-mêmes et des autres. C'est cette réalité que ce livre explore et cherche à comprendre pour offrir des réponses et des solutions concrètes aux défis de ce problème. Il est écrit pour vous. Il reconnaît les défis émotionnels que vous relevez chaque jour en raison de ce style de l'attachement. Ici, nous abordons directement ces difficultés, sans détour ni euphémisme. Nous comprenons ce que c'est que de vivre avec des angoisses d'abandon constantes, des sentiments d'insécurité et de la difficulté à établir des liens sains. Mais ce livre est aussi un message d'espoir. Il vous montre que vous n'êtes pas seul, et que vous pouvez apprendre à gérer l'hypersensibilité. Nous vous offrons des conseils pratiques, des stratégies éprouvées pour cultiver des relations émotionnellement équilibrées et pour trouver la paix intérieure.

Objectif de cette étape: Explorer en profondeur les origines, les manifestations et les mécanismes sous-jacents de l'attachement anxieux pour mieux s'en défaire.

Qui ce que l'attachement anxieux ?

L'attachement anxieux, tel un arbre dont les racines s'entremêlent profondément dans le sol, cherche constamment à s'assurer de la solidité du terrain qui le porte. Imaginez un jeune plant, dépendant de l'eau et de la lumière pour grandir. De la même manière, une personne avec un attachement anxieux dépend des réactions et de la présence rassurante des autres pour se sentir en sécurité. ***"L'homme est un animal social"***, disait Aristote. Dans cette veine, l'attachement anxieux reflète notre besoin intrinsèque de connexion et d'approbation. Cependant, lorsque cet attachement devient trop intense, il peut se transformer en une quête épuisante de validation, où chaque interaction est scrutée à la recherche de signes d'acceptation ou de rejet. Cette quête incessante peut teinter nos journées d'une nuance d'incertitude, rendant chaque au revoir un peu plus lourd, chaque silence un peu plus assourdissant. Comme un marin scrutant l'horizon pour un signe de terre, la personne avec un attachement anxieux scrute son environnement social, souvent au détriment de sa paix intérieure.

L'Attachement anxieux : une danse avec l'invisible.

Imaginez-vous dans une salle de danse, où chaque pas, chaque mouvement est dicté par une mélodie invisible. Cette mélodie, c'est l'attachement anxieux, une symphonie silencieuse qui régit nos interactions quotidiennes.

L'attachement anxieux est comme une danse avec une ombre insaisissable. C'est un lien invisible qui nous lie à ceux que nous aimons, mais qui, dans sa forme anxieuse, peut nous faire trébucher et tomber. Il est comme un fil invisible qui, lorsqu'il est tendu, peut nous tirer vers des comportements et des pensées qui ne sont pas toujours dans notre meilleur intérêt. Son impact sur la vie quotidienne peut être comparé à une danse sur une corde raide. Chaque pas est incertain, chaque mouvement est risqué. Nous sommes constamment sur le qui-vive, craignant que notre partenaire de danse ne nous laisse tomber. Cette peur constante peut nous rendre hyper-vigilants et excessivement préoccupés par les actions et les sentiments de notre partenaire. Mais comme le disait le philosophe Friedrich Nietzsche, *"Celui qui danse est considéré comme fou par celui qui n'entend pas la musique"*. L'attachement anxieux n'est pas une malédiction, mais une mélodie que nous devons apprendre à comprendre et à apprécier. Il est le reflet de nos expériences passées et de nos peurs profondes, mais il est aussi une invitation à grandir et à évoluer.

Prenons l'exemple de Clara, une jeune professionnelle qui travaille dans un bureau animé. Elle est appréciée de ses collègues, mais elle vit avec un attachement anxieux qui colore ses interactions quotidiennes. Chaque matin, elle arrive au travail et cherche immédiatement le regard approbateur de son supérieur. Un simple bonjour ou un sourire lui apporte un soulagement immense, tandis qu'une absence de réaction la plonge dans une mer de doutes. Elle interprète souvent le moindre changement d'humeur chez ses collègues comme un signe de désapprobation envers elle, ce qui la pousse à redoubler d'efforts pour gagner leur approbation. Lors des réunions, Clara est attentive à chaque mot, chaque geste, craignant que son travail ne soit pas à la hauteur. Elle pose des questions, non pas tant pour clarifier, mais pour s'assurer qu'elle est bien perçue par les autres. Après le travail, elle repasse sans cesse les événements de la journée, analysant chaque interaction, chaque conversation, cherchant des indices sur la façon dont elle est jugée. Cette hypervigilance sociale l'épuise, mais elle ne sait pas comment s'en détacher. Elle aspire à des relations plus sereines, où la confiance remplacerait la crainte constante du rejet. Pour elle, comme pour beaucoup d'autres, reconnaître et comprendre son attachement anxieux est le premier pas vers un changement positif.

Comprendre l'attachement anxieux, c'est reconnaître la complexité des liens humains et leur impact sur notre quotidien. ***C'est cette prise de conscience qui nous permet de naviguer les eaux parfois agitées de nos relations.*** L'attachement anxieux mêle amour et peur, espoir et désespoir, mais aussi résilience et force. Malgré les chutes, nous nous relevons toujours, apprenant ainsi de nouvelles étapes dans cette danse complexe et belle qu'est la vie.

Quels sont les signes d'un attachement anxieux?

L'attachement anxieux, aussi appelé attachement préoccupé, est caractérisé par une peur de l'abandon, un fort besoin d'être rassuré et un malaise face à une trop grande indépendance dans les relations. Voici quelques signes typiques d'un attachement anxieux :

- **Difficulté à faire confiance aux autres :** Crainte d'être à nouveau blessé, trahi ou abandonné.
- **Faible estime de soi :** Sentiment d'être indigne d'amour et de bonheur2.
- **Craintes que vos partenaires vous abandonnent :** Peur constante d'être laissé seul.
- **Envie de proximité et d'intimité :** Besoin constant de se sentir proche de son partenaire.
- **Dépendance excessive dans les relations :** Incapacité à être seul, besoin constant de la présence de son partenaire.
- **Besoin d'être fréquemment rassuré :** Besoin constant d'assurance que les gens se soucient de vous.

Il faut comprendre que ces signes peuvent varier d'une personne à l'autre et qu'ils ne sont pas exhaustifs. Si vous pensez être concerné par un attachement anxieux, il pourrait être utile de consulter un professionnel de la santé mentale pour obtenir de l'aide et des conseils.

Ce qui se passe dans le cerveau ?

Souvenez-vous de cette fois où vous avez accepté une soirée entre amis, l'épuisement vous tenaillant. Vous avez dit "oui" à un projet professionnel rebutant. Vous avez forcé un sourire face à une blague insipide de votre partenaire. **Pourquoi ?**

L'emprise du "oui" trouve ses racines dans notre biologie.

Comprendre l'attachement anxieux nécessite une plongée dans les mécanismes complexes qui se déroulent dans notre cerveau, où les émotions et les instincts se rencontrent. Les bases neurologiques de l'attachement anxieux sont intimement liées aux processus chimiques qui se produisent dans notre cerveau. Notre cerveau est un théâtre où se joue en permanence un ballet de neurotransmetteurs tels que la dopamine, la sérotonine et l'ocytocine, qui influencent nos émotions et nos prises de décisions. Ces messagers chimiques jouent un rôle crucial dans la formation de nos schémas d'attachement et dans la manière dont nous réagissons aux interactions sociales.

Le besoin d'amour, une question de survie

L'attachement anxieux, cette danse délicate entre la quête d'amour et la peur du rejet, s'enracine profondément dans notre biologie. Comme un arbre qui puise sa force dans un sol nourricier, nos premières expériences affectives déterminent la solidité de nos liens futurs. En tant que primates, notre survie a toujours dépendu de la capacité à tisser des relations étroites au sein de notre groupe. L'exclusion, synonyme de danger mortel, a sculpté en nous un désir ardent d'approbation et un instinct pour éviter le rejet. Lorsque nous tombons amoureux, une tempête de dopamine inonde notre cerveau, créant une euphorie qui nous pousse à chercher sans cesse cette sensation exaltante. C'est cette même « drogue naturelle » qui renforce notre motivation à maintenir les comportements qui nous procurent du plaisir, notamment la recherche constante de l'approbation et de l'affection. Mais l'attachement anxieux, c'est aussi comme un arbre planté dans un sol instable, ses branches frémissant au moindre souffle de vent, ses racines cherchant désespérément un ancrage. Si, dès notre plus tendre enfance, nous manquons de soins affectifs constants, notre 'sol' émotionnel reste fragile, nos circuits neuronaux se codent avec cette instabilité. Nous devenons alors hypersensibles aux moindres variations de notre environnement relationnel, réagissant à chaque absence ou changement comme à une tempête imminente. Cependant, tout comme un jardinier apprend à faire confiance à la résilience de son arbre, nous pouvons apprendre à renforcer notre « sol » émotionnel. En adoptant des outils tels que la communication assertive, en reconnaissant nos besoins et nos limites, et en cherchant des relations saines et sécurisantes, nous pouvons établir des liens plus stables et épanouissants.

En définitive, l'attachement anxieux n'est pas une fatalité. Il est plutôt un appel à cultiver notre jardin intérieur avec patience et compréhension, afin que nous puissions, peu à peu, nous épanouir dans la sécurité et la confiance. C'est dans cette croissance que nous trouvons la force de surmonter les défis et de danser avec grâce au rythme complexe de la vie.

L'amour, une drogue naturelle.

L'attachement anxieux est une expérience complexe qui peut être influencée par la chimie du cerveau. Lorsque nous sommes amoureux, notre cerveau libère de la dopamine en abondance, ce qui crée une sensation d'euphorie et de plaisir intense. Cette réaction chimique est souvent comparée à l'effet de la cocaïne sur le cerveau.

La dopamine est un neurotransmetteur associé aux récompenses et au plaisir. Lorsque nous sommes attirés par quelqu'un et que nous ressentons un lien émotionnel fort, notre cerveau produit davantage de dopamine, ce qui renforce notre motivation à poursuivre cette relation. Cette sensation agréable nous incite à répéter les comportements qui nous procurent cette récompense, comme dire "oui" aux demandes et aux attentes de l'être aimé. Cependant, il est important de noter que cette "drogue naturelle" de l'amour peut également contribuer à l'attachement anxieux. Lorsque notre bonheur et notre bien-être dépendent fortement de l'approbation et de l'amour de l'autre personne, nous pouvons développer une anxiété intense liée à la peur de perdre cette relation ou d'être rejetés. Il est essentiel de reconnaître que l'attachement anxieux ne se résume pas uniquement à la chimie du cerveau, mais qu'il est également influencé par des facteurs tels que nos expériences passées, nos blessures émotionnelles et nos schémas de pensée. La compréhension de ces mécanismes peut nous aider à développer des relations plus saines et à cultiver un attachement sécurisant pour nous-mêmes et nos partenaires.

Le piège de la récompense intermittente.

Lorsque nous disons "oui" aux demandes des autres, nous sommes souvent récompensés par des sourires, des compliments ou des signes d'affection. Cette récompense occasionnelle renforce notre comportement de complaisance et nous incite à continuer à dire "oui" pour obtenir cette approbation et ces récompenses.

L'amygdale, une région du cerveau impliquée dans la gestion des émotions et des réponses au stress, joue également un rôle essentiel dans l'attachement anxieux. Dire "non" à quelqu'un peut activer l'amygdale et déclencher des craintes de rejet, de confrontation ou de conséquences négatives. Ces craintes peuvent générer de l'anxiété et nous pousser à éviter de dire "non" par peur des répercussions émotionnelles ou sociales. Le besoin d'approbation des autres et la peur du rejet sont des motifs profonds qui peuvent contribuer à l'attachement anxieux. Nous pouvons devenir dépendants de l'approbation et de l'attention des autres, ce qui nous amène à sacrifier nos propres besoins et limites pour maintenir cette connexion.

Pour surmonter cet attachement anxieux, il est nécessaire de prendre conscience de ces schémas de comportement et de pensée. Il est essentiel de développer l'assertivité, la capacité à exprimer nos besoins et nos limites de manière claire et respectueuse. Cela implique d'apprendre à dire "non" lorsque cela est nécessaire, même si cela suscite des craintes de rejet ou de confrontation. Travailler sur notre estime de soi et notre confiance en nous peut également être bénéfique. Plus nous nous sentons en sécurité et en accord avec nous-mêmes, moins nous serons dépendants de l'approbation des autres pour notre bonheur et notre valeur personnelle.

Pour déconstruire l'emprise du "oui", nous devons comprendre nos motivations profondes. Pourquoi avons-nous du mal à dire "non" ? Est-ce par peur du conflit, de décevoir les autres ou parce que nous souhaitons être aimés? Identifier ces motivations est la première étape vers le changement. Il est également essentiel de développer l'assertivité, c'est-à-dire la capacité à exprimer nos besoins et nos limites de manière claire et respectueuse. Apprendre à dire "non" de manière assertive est crucial pour préserver notre bien-être et notre équilibre. Enfin, il est important de se reconnecter à nos propres besoins et valeurs. Dire "oui" à tout le monde peut souvent signifier dire "non" à nous-mêmes. En identifiant et en exprimant clairement nos besoins, nous pouvons prendre des décisions qui sont alignées avec notre bonheur personnel.

En conclusion, l'emprise du "oui" est un phénomène complexe qui trouve ses racines à la fois dans les mécanismes neurologiques et les motivations psychologiques. En comprenant ces mécanismes et en développant des stratégies concrètes, nous pouvons apprendre à dire "non" de manière assertive et à prendre des décisions qui favorisent notre propre épanouissement. Rappelez-vous que vous avez le droit de dire "non", que votre bonheur est important et que dire "non" peut être un acte d'amour envers vous-même. Libérez-vous de l'emprise du "oui" et vivez une vie authentique et épanouissante

Le Développement Psychoaffectif.

Imaginez un jeune arbre, ses racines s'enfonçant profondément dans le sol, cherchant l'eau et les nutriments dont il a besoin pour grandir. Ces racines sont comme nos expériences précoces, façonnant la structure et la croissance de l'arbre tout au long de sa vie. De la même manière, nos expériences précoces façonnent les structures cérébrales que nous utilisons pour établir des relations tout au long de notre vie. Ces expériences sont codées dans les circuits neuronaux de notre cerveau dès l'âge de 12 à 18 mois, entièrement dans la mémoire implicite en dehors de la conscience. C'est comme si notre cerveau était un ordinateur, stockant ces informations précieuses pour une utilisation future. Ces modèles d'attachement deviennent les "règles", les modèles, les schémas, pour établir des relations qui fonctionnent tout au long de la vie.

L'attachement anxieux est comme une graine plantée dans ce sol fertile. Si les conditions sont justes, cette graine peut germer et grandir, influençant la façon dont nous interagissons avec les autres et comment nous percevons le monde autour de nous. Cependant, si ces conditions ne sont pas optimales, l'attachement anxieux peut devenir un obstacle à notre croissance et à notre développement. Par exemple, considérez un enfant qui a vécu une séparation précoce de ses parents. Cette expérience peut être codée dans son cerveau comme une "règle" que les figures d'attachement ne sont pas fiables, ce qui peut conduire à un attachement anxieux. À mesure que cet enfant grandit, cette "règle" peut influencer la façon dont il établit des relations, menant à des comportements tels que la peur de l'abandon ou l'hypervigilance aux signes de rejet. Cependant, il est important de noter que ces "règles" ne sont pas gravées dans la pierre. Tout comme un arbre peut être taillé et guidé pour grandir dans une certaine direction, nos schémas d'attachement peuvent être modifiés et adaptés. Avec la bonne aide et le bon soutien, il est possible de "réécrire" ces règles et de développer des relations plus saines et plus équilibrées.

En fin de compte, comprendre l'attachement anxieux et le développement psychoaffectif est comme comprendre la croissance et le développement d'un arbre. C'est un processus complexe et nuancé, mais avec la bonne compréhension et les bons outils, nous pouvons tous apprendre à naviguer dans ce paysage complexe et à grandir de manière saine et équilibrée.

Une exploration profonde de nos émotions incomprises

Imaginez-vous dans cette situation : vous êtes en couple depuis quelques mois et tout semblait parfait au début. Mais au fil du temps, vous commencez à ressentir une angoisse sourde chaque fois que votre partenaire ne répond pas immédiatement à vos messages. Vous vous surprenez à fouiller dans son téléphone pour vérifier s'il ne vous cache rien. Vous avez peur qu'il vous quitte, que quelqu'un d'autre prenne votre place dans son cœur. Vous avez besoin constamment de réassurance, mais en même temps, vous avez l'impression d'étouffer dans cette relation.

Autre scène banale de notre quotidien: vous êtes en train de discuter avec un proche, et soudain, vous vous sentez submergé par un besoin irrépressible de validation et de rassurance. Votre cœur s'emballe, des pensées envahissantes se bousculent dans votre esprit, et vous vous demandez pourquoi vous êtes si dépendant de l'approbation des autres. Vous vous sentez pris au piège de cette anxiété qui vous empêche de vivre pleinement et de vous épanouir dans vos relations.

Est-ce que cela vous parle ? Avez-vous déjà vécu une situation similaire ? Si oui, vous n'êtes pas seul. L'attachement anxieux est un phénomène plus courant qu'on ne le pense, et il se manifeste par des symptômes bien précis. Ces symptômes se déploient dans notre quotidien, influençant nos réactions et nos comportements. Nous ressentons un besoin constant de rassurance et de validation, cherchant désespérément à combler un vide émotionnel. La peur intense de l'abandon et de la solitude nous pousse à nous accrocher à nos relations, parfois de manière excessive et possessive. La difficulté à faire confiance et à s'engager pleinement nous fait hésiter et nous empêche de vivre des relations authentiques.

Face à la perception d'indifférence, nous pouvons ressentir une colère ardente qui brûle en nous, accompagnée d'une tristesse profonde. Les doutes incessants nous envahissent : "Suis-je digne d'amour ?" "Pourquoi est-ce si difficile pour moi de me sentir en sécurité dans mes relations ?". Mais ne vous inquiétez pas, votre voyage vers la guérison et l'épanouissement est possible. La première étape consiste à prendre conscience de ces schémas d'attachement anxieux et de reconnaître leur influence sur nos émotions et nos comportements. Et nous allons commencez par explorer la peur de l'abandon.

La peur de l'abandon.

Elle se manifeste par une angoisse constante à l'idée que l'autre puisse nous quitter, nous tromper ou nous abandonner. Cette peur peut nous pousser à adopter des comportements excessifs, comme la jalousie maladive, la surveillance constante de l'autre ou les demandes répétées de réassurance. Mais d'où vient cette peur viscérale de l'abandon ? Selon la théorie de l'attachement, elle trouve ses racines dans notre enfance, lorsque nos besoins affectifs n'ont pas été satisfaits de manière adéquate. Comme l'a dit le psychologue John Bowlby, *"L'enfant qui a été séparé de sa mère est non seulement un enfant qui a perdu sa mère, mais aussi un enfant qui a perdu sa confiance en lui-même."*

La peur de l'abandon est en effet un symptôme central de l'attachement anxieux, elle trouve son origine profonde dans nos premières années de vie. John Bowlby, le père de la théorie de l'attachement, a mis en lumière l'importance des premières relations avec les figures d'attachement, généralement les parents, pour le développement émotionnel de l'enfant. Si ces relations sont imprévisibles ou insuffisantes, l'enfant peut développer une crainte de l'abandon qui persiste à l'âge adulte. Cette peur peut se manifester de diverses manières, souvent par des comportements qui visent à prévenir la perte de l'autre, même si ces comportements peuvent paradoxalement repousser les gens. La jalousie, la surveillance, et les demandes incessantes de réassurance sont des tentatives de contrôler une situation fondamentalement incertaine : la disponibilité émotionnelle et physique d'autrui.

Pour surmonter cette peur, il est souvent nécessaire de travailler sur soi, parfois avec l'aide d'un professionnel, pour reconstruire la confiance en soi et dans les autres, et pour apprendre à gérer l'anxiété de manière saine. Cela peut impliquer de comprendre et de traiter les blessures du passé, d'apprendre à communiquer de manière assertive, et de développer des stratégies pour renforcer l'estime de soi et l'autonomie émotionnelle.

La jalousie excessive

C'est une émotion normale et saine lorsqu'elle est vécue de manière modérée. Mais dans le cas de l'attachement anxieux, elle prend des proportions démesurées et peut devenir un véritable poison pour la relation.

Imaginez ce scénario : vous êtes à une soirée avec votre partenaire et vous le voyez rire aux éclats avec une autre personne. Immédiatement, une boule se forme dans votre estomac et vous commencez à vous poser mille et une questions. Est-ce qu'il la trouve plus drôle que moi ? Est-ce qu'il la trouve plus attirante ? Est-ce qu'il me trompe avec elle ?

Dans ce scénario , la réaction immédiate de jalousie excessive est un exemple classique de la façon dont l'attachement anxieux peut perturber notre paix intérieure et nos relations. Les mille et une questions qui assaillent l'esprit sont le reflet d'une insécurité profonde, d'un besoin intense de réassurance, d'une faible estime de soi et d'un manque de confiance en l'autre. Elle peut nous pousser à adopter des comportements destructeurs qui, ironiquement, peuvent éloigner le partenaire, tels que:

- ➢ **Surveillance constante :** Un besoin compulsif de savoir où est le partenaire et avec qui, souvent accompagné d'un sentiment d'urgence et d'anxiété.
- ➢ **Reproches incessants :** Des accusations répétées qui peuvent naître d'une interprétation erronée des actions de l'autre.
- ➢ **Crises de colère :** Des réactions émotionnelles intenses qui peuvent survenir lorsque la personne se sent particulièrement vulnérable ou menacée.

Pour gérer cette jalousie excessive, nous devons travailler sur la confiance en soi et dans la relation. Cela peut impliquer de communiquer ouvertement ses sentiments sans accuser l'autre, de pratiquer l'auto-reflexion pour comprendre l'origine de ces émotions, et de chercher des moyens sains pour renforcer l'estime de soi. Parfois, l'aide d'un professionnel peut être bénéfique pour naviguer à travers ces émotions complexes et pour apprendre des stratégies de gestion plus efficaces. La clé est de reconnaître que la jalousie excessive n'est pas une fatalité et qu'il est possible de construire des relations basées sur la confiance mutuelle et le respect.

L'hypersensibilité au rejet.

C'est un autre symptôme courant de l'attachement anxieux. Elle se manifeste par une sensibilité extrême aux critiques, aux remarques désobligeantes ou aux signes d'indifférence de la part de l'autre. Par exemple, votre partenaire oublie de vous souhaiter bonne nuit un soir. Pour une personne sans attachement anxieux, cela peut être un simple oubli sans conséquence. Mais pour vous, c'est un signe évident qu'il ne vous aime plus, qu'il s'éloigne de vous. Cette hypersensibilité au rejet trouve ses racines dans notre enfance, lorsque nos besoins affectifs n'ont pas été satisfaits de manière adéquate. Elle peut nous pousser à adopter des comportements excessifs, comme la recherche constante de réassurance ou l'évitement des situations qui pourraient nous exposer au rejet. Elle peut aussi transformer des incidents mineurs en crises émotionnelles majeures. Prenons l'exemple de Julien et Emma :

Julien, qui a un style d'attachement anxieux, attend avec impatience le message de bonne nuit d'Emma, un rituel qui lui apporte confort et sécurité. Un soir, Emma s'endort sans envoyer le message. Pour Julien, ce n'est pas un simple oubli; c'est un signal d'alarme. Son esprit s'emballe : *Est-ce qu'Emma s'éloigne ? Est-ce qu'elle est fâchée contre moi ? Est-ce que notre relation est en danger ?*

Cette réaction est une manifestation classique de l'hypersensibilité au rejet. Julien pourrait alors chercher à obtenir de la réassurance d'Emma de manière excessive, ou il pourrait même commencer à éviter de telles situations en se retirant émotionnellement pour se protéger du potentiel rejet.

Pour gérer cette hypersensibilité, il est important pour Julien de :

- ➤ **Reconnaître ses émotions** : Accepter que sa réaction est due à son attachement anxieux et non à la réalité de la situation.
- ➤ **Communiquer ses sentiments** : Exprimer à Emma ses inquiétudes sans l'accuser ou la rendre responsable de ses émotions.
- ➤ **Travailler sur l'estime de soi** : Renforcer sa confiance en lui pour ne pas dépendre entièrement de la validation d'Emma.

En comprenant et en abordant ces réactions, Julien peut progressivement apprendre à répondre aux situations de manière plus mesurée et à construire une relation plus saine et plus sécurisante.

Le besoin excessif de réassurance.

En effet, le besoin excessif de réassurance est un symptôme courant de l'attachement anxieux. Imaginez que vous êtes sur un bateau en pleine mer, et que l'eau représente l'incertitude. Les personnes souffrant d'attachement anxieux se sentent comme si elles étaient sur un bateau instable, et elles cherchent constamment une bouée de sauvetage pour se rassurer. Ce besoin de réassurance peut se manifester de différentes manières, comme des demandes répétées de preuves d'amour, des questions incessantes sur les sentiments de l'autre, ou une recherche constante de compliments et de validation. C'est comme si la personne était constamment à la recherche d'une bouée de sauvetage pour se rassurer qu'elle n'aille pas tomber à l'eau. Sauf que, ce besoin excessif de réassurance peut devenir un fardeau pour la relation. Il peut créer une pression sur le partenaire pour qu'il fournisse constamment des preuves d'amour et de dévouement, ce qui peut être épuisant et mener à des conflits relationnels. Comme l'a dit le philosophe Alain de Botton, *"L'amour n'est pas seulement le fait de regarder l'autre, c'est aussi le fait de le laisser être."* Cela signifie qu'il primordial de permettre à l'autre d'être lui-même, sans avoir constamment besoin de réassurance. C'est un équilibre délicat à trouver, mais c'est essentiel pour une relation saine et épanouissante.

En conclusion , Les symptômes de l'attachement anxieux sont souvent le reflet d'une souffrance profonde, ancrée dans notre enfance et notre histoire personnelle. Mais cela ne signifie en aucun cas, que nous ne sommes pas condamnés à vivre éternellement avec cette souffrance. En prenant conscience de nos schémas relationnels dysfonctionnels et en travaillant sur nous-mêmes, nous pouvons le guérir et construire des relations saines et épanouissantes.

Alors, la prochaine fois que vous vous surprendrez à fouiller dans le téléphone de votre partenaire ou à vous poser mille et une questions sur ses sentiments à votre égard, rappelez-vous que ces comportements sont le signe d'une blessure plus profonde. Et surtout, rappelez-vous que vous avez le pouvoir de guérir cette blessure et de construire une vie amoureuse épanouissante.

Comment l'attachement anxieux peut-il affecter les relations?

Les personnes qui souffrent de l'attachement anxieux peuvent avoir un impact significatif sur leurs relations. Voici comment :

1. **Dépendance émotionnelle** :Elles peuvent souvent paraître collantes, contrôlantes, voire agressives. Leur anxiété reflète leur dépendance excessive envers leur partenaire pour la stabilité et la réassurance.

2. **Peur de l'abandon** : Elles peuvent vivre dans la peur de l'abandon et ont besoin de réassurance constante de leurs proches. Cette peur peut conduire à une hypervigilance et une préoccupation excessive par les actions et les sentiments de leur partenaire.

3. **Faible estime de soi** : Elles peuvent souvent se sentir indignes d'amour, ce qui peut entraîner des problèmes d'estime de soi et affecter la façon dont elles interagissent dans leurs relations.

4. **Difficultés de confiance** : Elles peuvent également se retirer de leur partenaire parce qu'elles se sentent mal à l'aise d'exprimer des émotions, craignant la réaction ou le jugement de l'autre personne. Elles peuvent même éviter l'intimité en raison d'un manque de confiance.

5. **Tolérance aux comportements malsains** : Elles peuvent tolérer des comportements malsains dans les relations, ce qui peut conduire à des relations dysfonctionnelles et insatisfaisantes.

Noter que ces tendances ne sont pas immuables. Avec la bonne aide et le bon soutien, il est possible de travailler sur ces problèmes et de développer des relations plus saines et plus équilibrées.

Les origines et causes de problème.

L'attachement anxieux ne naît pas de nulle part. Il trouve ses racines dans notre passé, dans les expériences qui ont façonné notre personnalité et notre façon de nous relier aux autres. Dans ce chapitre, nous explorerons les différentes origines et causes de l'attachement anxieux, en nous plongeant dans les méandres de la théorie de l'attachement, des carences affectives dans l'enfance, des traumatismes relationnels et des facteurs génétiques et biologiques.

La théorie de l'attachement.

La théorie de l'attachement a été développée par le psychiatre et psychanalyste britannique John Bowlby dans les années 1950. Selon cette théorie, le besoin d'attachement est un besoin fondamental de l'être humain, tout comme le besoin de manger ou de dormir. Le style d'attachement que nous développons dans l'enfance dépend de la qualité des soins que nous avons reçus de nos parents ou de nos figures d'attachement. Si nos besoins affectifs ont été satisfaits de manière adéquate, nous développons un attachement sécure. En revanche, si nos besoins affectifs n'ont pas été satisfaits de manière adéquate, nous pouvons développer un attachement anxieux ou évitant.

Imaginez ce scénario : vous êtes un enfant et vous vous réveillez en pleine nuit, effrayé par un cauchemar. Vous appelez votre mère à l'aide, mais elle ne vient pas. Vous continuez à appeler, mais elle reste sourde à vos appels. Vous vous sentez seul, abandonné, terrifié. C'est ainsi que se construit l'attachement anxieux. C'est là qu'intervient la théorie de l'attachement. Développée par John Bowlby, cette théorie met en lumière l'importance capitale des liens affectifs que nous construisons dès l'enfance. Le besoin d'attachement est aussi vital que le besoin de manger ou de dormir. Pour se sentir en sécurité et explorer le monde avec confiance, l'enfant a besoin d'une relation stable et nourrissante avec ses figures d'attachement.

Deux types d'attachement se distinguent :

- **L'attachement sécure:** Lorsque les besoins affectifs de l'enfant sont satisfaits de manière constante et fiable, il développe un sentiment de sécurité intérieure et de confiance en soi. Il sait qu'il peut compter sur ses figures d'attachement en cas de besoin.

- **L'attachement anxieux:** Lorsque les besoins affectifs de l'enfant ne sont pas satisfaits de manière adéquate, il peut développer un attachement anxieux. Il craint l'abandon, recherche constamment l'approbation et a du mal à faire confiance aux autres.

L'absence de réponse de la mère dans le scénario du cauchemar peut être profondément traumatisante pour l'enfant. Dans ces moments de peur intense, l'enfant cherche du réconfort et de la sécurité, normalement fournis par les figures d'attachement comme les parents. Si l'enfant appelle à l'aide et que la mère ne répond pas, cela peut être interprété par l'enfant comme un signe qu'il n'est pas suffisamment important ou aimé pour mériter attention et protection.

Cette expérience peut s'ancrer dans l'esprit de l'enfant comme un schéma de pensée négatif, le menant à croire qu'il doit être constamment vigilant et demandeur pour obtenir l'amour et le soutien dont il a besoin. Cela peut conduire à un attachement anxieux, où l'individu ressent une peur constante de l'abandon et une préoccupation excessive pour les réponses des autres, dans une tentative de s'assurer qu'il est digne d'amour et de soutien.

En psychologie, on considère que ces premières interactions sont cruciales pour le développement de la capacité à établir des relations sécurisées et saines à l'avenir. Lorsque ces interactions sont marquées par l'absence et l'indisponibilité émotionnelle, elles peuvent perturber le développement de l'estime de soi et de la confiance envers les autres.

La théorie de l'attachement est un outil précieux pour comprendre nos relations et les améliorer. En reconnaissant notre style d'attachement et ses origines, nous pouvons cheminer vers la guérison et apprendre à construire des liens plus sains et plus épanouissants.

N'oubliez pas :

- ➢ Le besoin d'attachement est universel et légitime.
- ➢ Votre style d'attachement n'est pas une fatalité.
- ➢ Il est possible de guérir les blessures du passé et de développer des relations saines.

En prenant soin de votre jardin intérieur et en nourrissant votre sécurité intérieure, vous pouvez vous libérer des schémas relationnels néfastes et tisser des liens durables basés sur la confiance et l'amour authentique.

Les carences affectives dans l'enfance

Imaginez un jardin. Pour s'épanouir, les fleurs ont besoin de soleil, d'eau et d'un sol fertile. De la même manière, pour se développer harmonieusement, l'enfant a besoin d'amour, d'attention et d'une présence affective stable. Lorsque ces besoins ne sont pas satisfaits de manière adéquate, l'enfant peut souffrir de carences affectives. Ces carences peuvent prendre différentes formes :

- ➢ **Des parents absents ou négligents:** physiquement ou émotionnellement, ces parents ne sont pas disponibles pour répondre aux besoins de leur enfant.
- ➢ **Des parents trop protecteurs ou envahissants:** ils étouffent l'enfant de leur amour et ne lui laissent pas la liberté de s'exprimer et de prendre son envol.
- ➢ **Des parents qui utilisent l'amour comme une arme pour manipuler ou contrôler leur enfant:** ils font du chantage affectif, culpabilisent l'enfant et le font se sentir responsable de leur bonheur.

Ces carences affectives ont un impact profond et durable sur le développement émotionnel de l'enfant. Elles peuvent le mener à développer un attachement anxieux, caractérisé par :

- ➢ **Une peur intense de l'abandon:** l'enfant a constamment peur d'être rejeté et seul.
- ➢ **Un besoin constant de rassurance:** il a besoin d'être constamment approuvé et aimé.
- ➢ **Des difficultés à faire confiance aux autres:** il a peur d'être trahi et blessé.
- ➢ **Une faible estime de soi:** il ne se sent pas digne d'amour et de bonheur.

Comme l'a dit le psychologue Donald Winnicott, **"Il n'y a pas de bébé sans mère"**. Cette phrase souligne l'importance cruciale de la relation mère-enfant pour le développement émotionnel de l'enfant. La mère (ou la figure d'attachement principale) est le premier miroir de l'enfant. C'est en se voyant dans ses yeux qu'il apprend à se connaître et à se valoriser. Lorsque cette relation est défaillante, l'enfant peut développer une image négative de lui-même et avoir du mal à se sentir en sécurité dans le monde.

Heureusement, il est possible de guérir les blessures du passé et de surmonter les carences affectives. Un travail thérapeutique peut aider l'adulte à comprendre les origines de son attachement anxieux et à développer des stratégies pour se sentir plus en sécurité et plus confiant dans ses relations.

En nourrissant son jardin intérieur et en cultivant l'amour de soi, l'adulte peut apprendre à tisser des liens durables et épanouissants.

Les traumatismes relationnels.

Les traumatismes relationnels sont une autre cause importante de l'attachement anxieux. Ces traumatismes peuvent prendre différentes formes : des abus physiques, sexuels ou émotionnels, des négligences graves, des pertes ou des séparations précoces. Ces traumatismes relationnels laissent des cicatrices profondes sur notre psyché, cicatrices qui peuvent se réactiver dans nos relations amoureuses. Comme l'a dit le psychanalyste Jacques Lacan, *"L'amour, c'est donner quelque chose qu'on n'a pas à quelqu'un qui n'en veut pas."*

Imaginez ce scénario : vous êtes dans une relation amoureuse depuis quelques mois et tout semble parfait. Votre partenaire est attentionné, aimant, à l'écoute. Mais un soir, sans raison apparente, il vous hurle dessus, vous insulte, vous humilie. Vous êtes sous le choc, vous ne comprenez pas ce qui vient de se passer. Vous vous sentez blessé, trahi, abandonné. Ce que vous venez de vivre est un exemple de traumatisme relationnel. Ces traumatismes peuvent prendre différentes formes, mais ils ont tous un point commun : ils laissent des cicatrices profondes sur notre psyché, cicatrices qui peuvent se réactiver dans nos relations amoureuses.

Voici quelques exemples de traumatismes relationnels :

1. **Les abus physiques, sexuels ou émotionnels** : Ce sont des formes extrêmes de traumatismes relationnels. Ils peuvent laisser des cicatrices physiques, mais aussi des cicatrices invisibles sur notre psyché.

Imaginez ce dialogue :

> ➢ Pourquoi tu ne veux jamais faire l'amour dans le noir ?
> ➢ Parce que... parce que j'ai peur.
> ➢ Peur de quoi ?
> ➢ Peur de ne plus savoir où je suis, de ne plus savoir qui tu es. Peur de revivre ce qui s'est passé.

Cette peur, c'est la peur de revivre un traumatisme sexuel. Cette peur peut se manifester de différentes façons : une aversion pour le sexe, des difficultés à se laisser toucher, des cauchemars récurrents.

2. **Les négligences graves** : ce sont une autre forme de traumatismes relationnels. Elles peuvent prendre différentes formes : des parents absents, des parents qui ne répondent pas aux besoins affectifs de leur enfant, des parents qui ne protègent pas leur enfant des dangers.
   Imaginez ce scénario : *vous êtes un enfant et vous vous blessez gravement. Vous appelez votre mère à l'aide, mais elle est trop occupée à regarder la télévision pour*

vous entendre. Vous continuez à appeler, mais elle reste sourde à vos appels. Vous vous sentez seul, abandonné, terrifié. Cette expérience de négligence grave peut laisser des cicatrices profondes sur notre psyché, cicatrices qui peuvent se réactiver dans nos relations amoureuses. Comme l'a dit le philosophe Emmanuel Levinas, "La solitude est le fait d'être séparé de tout, absolument tout."

3. **Les pertes ou les séparations précoces :** Les pertes ou les séparations précoces sont une autre forme de traumatismes relationnels. Elles peuvent prendre différentes formes : la mort d'un parent, une séparation ou un divorce, un abandon. **Imaginez ce scénario :** vous êtes un enfant et votre père quitte la maison sans donner d'explication. Vous ne le reverrez jamais. Vous vous sentez abandonné, trahi, perdu. Cette expérience de perte ou de séparation précoce peut laisser des cicatrices profondes sur notre psyché, cicatrices qui peuvent se réactiver dans nos relations amoureuses. Comme l'a dit le poète Rainer Maria Rilke, "La beauté n'est que le commencement de la terreur que nous sommes encore capables de supporter."

Ces traumatismes peuvent prendre différentes formes :

- ➢ **Violences physiques ou verbales:** Être insulté, humilié, frappé ou menacé par un partenaire.
- ➢ **Trahison:** Être trompé, menti ou manipulé par un partenaire.
- ➢ **Abandon:** Être quitté brutalement par un partenaire sans explication, ou se sentir constamment rejeté.
- ➢ **Négligence émotionnelle:** Ne pas recevoir de soutien émotionnel de la part d'un partenaire, se sentir ignoré ou dévalorisé.
- ➢ **Hypercontrôle:** Être étouffé par un partenaire possessif et jaloux, qui cherche à contrôler tous vos faits et gestes.

Les Répercussions sur la vie amoureuse : Ces traumatismes laissent des traces qui peuvent se manifester de diverses manières dans nos relations amoureuses:

- ➢ **Difficulté à faire confiance:** Avoir peur d'être à nouveau blessé, trahi ou abandonné.
- ➢ **Peur de l'engagement:** Hésiter à s'engager dans une relation sérieuse par peur de se faire souffrir.
- ➢ **Besoin de contrôle excessif:** Avoir besoin de tout contrôler dans la relation pour se sentir rassuré.
- ➢ **Comportements d'hypervigilance:** Être constamment à l'affût de signes de rejet ou d'abandon.
- ➢ **Attachement anxieux:** Avoir besoin d'être constamment rassuré par son partenaire, être possessif et jaloux.

- ➢ **Faible estime de soi:** Se sentir indigne d'amour et de bonheur.
- ➢ **Difficultés à communiquer:** Avoir du mal à exprimer ses émotions et ses besoins par peur d'être jugé ou rejeté.
- ➢ **Reproduction des schémas relationnels traumatiques:** Avoir tendance à reproduire les mêmes schémas relationnels qui nous ont traumatisés dans le passé.

Exemples : Prenons l'exemple de Léa, qui a vécu une relation où elle était constamment critiquée et dévalorisée. Cette expérience a laissé en elle une peur profonde d'être jugée, ce qui l'empêche de s'ouvrir pleinement dans ses relations actuelles. Ou encore, considérons Marc, qui a été trahi par un partenaire infidèle. La douleur de cette trahison a engendré chez lui une méfiance envers les autres, rendant difficile l'établissement de liens de confiance.

En conclusion : Les traumatismes relationnels sont une cause importante de l'attachement anxieux. Ils laissent des cicatrices profondes sur notre psyché, cicatrices qui peuvent se réactiver dans nos relations amoureuses. Mais il ne faut pas oublier que ces cicatrices ne sont pas une fatalité. Comme l'a dit le philosophe Friedrich Nietzsche, ***"Ce qui ne nous tue pas nous rend plus fort."*** En prenant conscience de nos traumatismes relationnels et en travaillant sur nous-mêmes, nous pouvons guérir nos blessures et construire des relations amoureuses saines et épanouissantes.

Alors, la prochaine fois que vous vous sentirez blessé, trahi ou abandonné dans votre relation amoureuse, rappelez-vous que ces émotions sont peut-être le signe d'une blessure plus profonde. Et surtout, rappelez-vous que vous avez le pouvoir de guérir cette blessure et de construire une vie amoureuse épanouissante.

Les facteurs génétiques et biologiques.

Avez-vous déjà ressenti une anxiété incontrôlable dans vos relations amoureuses, sans comprendre pourquoi ? Avez-vous déjà eu l'impression que votre cerveau était programmé pour souffrir dans vos relations ? Si c'est le cas, vous n'êtes pas seul. En effet, l'attachement anxieux peut avoir des causes génétiques et biologiques. Mais ne vous inquiétez pas, car comme l'a dit le philosophe Jean-Paul Sartre, "Nous sommes notre choix". Dans ce chapitre, nous allons explorer comment nous pouvons prendre le contrôle de notre destinée et transformer notre attachement anxieux en attachement sécure.

Sarah, une femme de 35 ans, a toujours eu du mal à maintenir des relations amoureuses stables. Elle a grandi dans une famille aimante, mais elle a toujours ressenti une anxiété incontrôlable lorsqu'elle était en couple. Elle a essayé la thérapie, la méditation et d'autres techniques pour calmer son anxiété, mais rien ne semblait fonctionner. Un jour, elle a découvert que son anxiété était en grande partie due à des facteurs génétiques et biologiques. Cette découverte a été un choc pour elle, mais elle a également été un tournant dans sa vie. Elle a réalisé qu'elle avait le pouvoir de prendre le contrôle de sa destinée et de transformer son attachement anxieux en attachement sécure.

Mais comment pouvons-nous prendre le contrôle de notre destinée ? Comment pouvons-nous transformer notre attachement anxieux en attachement sécure ? Est-ce vraiment possible ?

Pour comprendre comment nous pouvons prendre le contrôle de notre destinée, il est utile de considérer les filtres mentaux que nous utilisons pour percevoir le monde qui nous entoure. Les filtres mentaux sont comme des lunettes que nous portons, qui déforment notre perception de la réalité. Par exemple, si nous avons grandi dans un environnement où l'amour était conditionnel, nous pouvons avoir un filtre mental qui nous fait croire que nous devons gagner l'amour des autres en étant parfaits. Ce filtre mental peut rendre notre attachement anxieux, car nous avons peur de ne pas être à la hauteur.

Pour transformer notre attachement anxieux en attachement sécure, nous devons prendre conscience de nos filtres mentaux et les remettre en question. Voici une fiche pratique en trois étapes pour y parvenir :

1) **Prendre conscience de nos filtres mentaux :** Pour prendre conscience de nos filtres mentaux, nous devons être à l'écoute de nos pensées et de nos émotions. Lorsque nous ressentons de l'anxiété dans nos relations amoureuses, nous devons nous demander quels sont les pensées et les croyances qui sous-tendent cette anxiété. Par exemple, si nous avons peur que notre partenaire nous quitte, nous devons nous demander quelles sont les pensées et les croyances qui sous-tendent cette peur.

2) **Remettre en question nos filtres mentaux :** Une fois que nous avons pris conscience de nos filtres mentaux, nous devons les remettre en question. Nous devons nous demander s'ils sont basés sur des preuves réelles ou s'ils sont simplement le résultat de nos expériences passées. Nous devons également nous demander s'ils sont utiles ou s'ils nous causent du tort.

3) **Changer nos filtres mentaux :** Pour changer nos filtres mentaux, nous devons les remplacer par des croyances plus positives et plus utiles. Par exemple, si nous avons un filtre mental qui nous fait croire que nous devons gagner l'amour des autres en étant parfaits, nous devons le remplacer par une croyance plus positive, comme "Je suis digne d'amour tel que je suis".

Si nous ne prenons pas conscience de nos filtres mentaux et que nous ne les remettons pas en question, nous risquons de rester piégés dans notre attachement anxieux. Par exemple, si nous continuons à croire que nous devons gagner l'amour des autres en étant parfaits, nous risquons de rester dans des relations malsaines où nous nous sentons constamment anxieux et insécurisés.

Je sais à quel point l'attachement anxieux peut être douloureux et décourageant. J'ai moi-même lutté contre l'attachement anxieux pendant de nombreuses années. Mais je peux vous dire que la transformation est possible. En prenant conscience de nos filtres mentaux et en les remettant en question, nous pouvons transformer notre attachement anxieux en attachement sécure.

En conclusion, Les origines et causes de l'attachement anxieux sont multiples et complexes. Elles trouvent leurs racines dans notre passé, dans les expériences qui ont façonné notre personnalité et notre façon de nous relier aux autres

Les mécanismes psychologiques.

Les mécanismes psychologiques de l'attachement anxieux sont profondément enracinés dans notre esprit et peuvent être difficiles à changer. Cependant, en comprenant ces mécanismes, nous pouvons commencer à transformer notre relation avec nous-mêmes et avec les autres.

Les schémas relationnels dysfonctionnels :

Ce sont des modèles de pensée et de comportement acquis au cours de notre vie, souvent en réponse à des expériences passées. Ces schémas peuvent être inefficaces et, dans de nombreux cas, destructeurs dans nos relations. Ils se manifestent par des attentes irréalistes, des perceptions déformées des autres et des réactions exagérées aux événements relationnels.

Imaginons une personne qui a connu des relations instables et peu fiables dans son enfance. Ces expériences passées peuvent créer un schéma relationnel dysfonctionnel qui se manifeste par une profonde méfiance envers les autres. Cette personne peut développer des attentes irréalistes de rejet ou d'abandon, ce qui la pousse à interpréter chaque signe de distance ou de désaccord comme une confirmation de ses craintes profondes. Ce schéma relationnel dysfonctionnel crée une boucle d'auto-renforcement, où la personne recherche inconsciemment des relations qui confirment ses croyances préexistantes. Elle peut être attirée par des partenaires qui sont inaccessibles émotionnellement ou qui reproduisent les schémas de rejet et d'abandon qu'elle a connus dans son enfance. Cette quête perpétuelle de preuves confirme sa conviction profonde d'être indigne d'amour et de sécurité.

Les perceptions déformées des autres sont également courantes dans les schémas relationnels dysfonctionnels. Une personne attachée anxieusement peut interpréter les actions et les paroles de son partenaire de manière négative, en les filtrant à travers le prisme de ses propres peurs et insécurités. Les petits gestes d'affection peuvent être perçus comme une menace de perte, et les mots anodins peuvent être interprétés comme des signes de rejet. Cette tendance à voir le négatif amplifie l'anxiété et alimente la spirale descendante de l'attachement anxieux.

Les réactions exagérées aux événements relationnels sont une autre caractéristique des schémas relationnels dysfonctionnels. Une simple dispute peut déclencher une avalanche émotionnelle, où la personne attachée anxieusement se sent submergée par l'anxiété et la peur d'être abandonnée. Les émotions intenses peuvent conduire à des comportements excessifs, tels que l'insistance pour obtenir des réponses immédiates ou le besoin constant de validation et de réassurance. Ces réactions exagérées peuvent épuiser les relations et renforcer le schéma de l'attachement anxieux.

En conclusion, les schémas relationnels dysfonctionnels sont des modèles de pensée et de comportement acquis au cours de la vie qui peuvent conduire à l'attachement anxieux. Ils impliquent des attentes irréalistes, des perceptions déformées des autres et des réactions exagérées aux événements relationnels. La prise de conscience de ces schémas et leur remise en question sont essentielles pour favoriser des relations plus saines et équilibrées. La thérapie et l'exploration personnelle peuvent être des outils précieux dans ce processus de transformation.

L'estime de soi fragile :

L'estime de soi est le socle sur lequel repose notre capacité à aimer et à être aimé. Une estime de soi faible peut nous rendre extrêmement vulnérables au rejet et à la critique. Cette sensibilité exacerbée peut alimenter un cycle d'attachement anxieux, où l'on devient dépendant de l'approbation d'autrui et où notre confiance en nous est ébranlée.

Lorsqu'on souffre d'une estime de soi fragile, on a tendance à se voir à travers un miroir déformant, ne percevant que nos défauts et nos faiblesses. Cette vision altérée peut nous pousser à nous soumettre aux désirs de notre partenaire, à négliger nos propres besoins et à nous effacer par peur de déplaire. Et on peut aussi alimenter les dialogues intérieurs toxiques, tels que *« Je ne suis pas assez bien »*, *« Je vais le perdre »*, *« Il ne m'aime pas vraiment »*, agissent comme un poison qui contamine nos pensées et nos interactions, semant le doute dans chaque aspect de la relation. Prenons l'exemple de Sandra, dont la peur de l'abandon la rend hypersensible au moindre changement d'attitude de son partenaire. Cette hypersensibilité la conduit à des comportements possessifs et jaloux, l'enfermant dans une spirale d'insécurité et d'anxiété.

Mais comment aimer l'autre quand on ne s'aime pas soi-même ? L'attachement anxieux est un miroir inversé de l'amour. En se concentrant sur ses blessures, l'adulte anxieux oublie sa beauté et sa valeur. Pour briser ce cycle, il est essentiel de cultiver l'amour de soi. Comme le disait le philosophe Alain, ***« Aimer, c'est se donner raison à l'existence de l'autre. »*** Mais pour cela, il faut d'abord s'aimer soi-même. La thérapie peut être un voyage vers la guérison, où l'on apprend à explorer nos blessures passées et à se valoriser. Ce chemin peut être long et difficile, mais il mène à la liberté d'aimer et d'être aimé en toute authenticité.

N'oubliez jamais : L'estime de soi est un muscle qui se développe. Et vous êtes digne d'amour et de bonheur. En cheminant vers la lumière de l'amour propre, vous découvrirez la joie d'être soi et de vivre des relations saines et épanouissantes. *"Le plus grand amour est celui qui s'éveille en nous pour nous-mêmes."* - John O'Donohue.

La pensée dichotomique :

Aussi connue sous le nom de "pensée tout ou rien", elle se caractérise par une vision du monde en termes extrêmes, sans nuances. Par exemple, une personne peut se percevoir comme un échec total si elle ne répond pas à ses propres standards élevés. La pensée dichotomique est un piège qui peut exacerber les peurs et les distorsions inhérentes à l'attachement anxieux. Cette vision du monde en termes extrêmes, sans nuances, enferme l'adulte anxieux dans une toile de certitudes absolues et de doutes dévorants. Dans une relation, cela peut mener à des malentendus et des conflits.

Le monde en noir et blanc : Imaginez un tableau où les nuances s'effacent. L'amour devient adoration aveugle ou rejet total. La sécurité se transforme en havre imprenable ou en menace imminente. La pensée dichotomique ne laisse aucune place pour l'entre-deux, pour les subtilités et les complexités qui enrichissent la vie.

L'amplification des peurs : La peur du rejet, pierre angulaire de l'attachement anxieux, est amplifiée par la pensée dichotomique. Un silence devient un signe d'indifférence absolue. Un retard se transforme en abandon cruel. La moindre imperfection est perçue comme une preuve désamour.

Le cercle vicieux de la dépendance : Pour combler le vide créé par la peur et l'incertitude, l'adulte anxieux se tourne vers l'autre, cherchant une validation constante. Cette dépendance excessive renforce l'emprise de la pensée dichotomique, car l'approbation de l'autre devient la seule source de valeur et de sécurité.

Exemple de dialogues dans l'urgence :

Rose, jeune femme brillante et sensible, est en proie à l'anxiété dans sa relation. Un soir, son partenaire rentre du travail fatigué et préoccupé.

> - **Rose :** *"Tu ne m'aimes plus ! Tu es toujours distant et froid avec moi !"*
> - **Son partenaire Théo :** *"Je suis juste fatigué, Léa. J'ai eu une journée difficile."*
> - **Rose :** *"Non, c'est moi que tu n'aimes plus ! Tu vas me quitter !"*

Ce dialogue montre comment la pensée dichotomique et l'anxiété de l'attachement peuvent mener à des malentendus et des conflits.

Points importants :

- ➢ **Réactions émotionnelles intenses :** Rose réagit de manière excessive à la fatigue de Théo, interprétant son comportement comme un signe de rejet.
- ➢ **Interprétation erronée des intentions :** elle est convaincue que Théo ne l'aime plus et qu'il va la quitter, ce qui n'est pas le cas.
- ➢ **Manque de communication ouverte :** Au lieu de parler calmement de ses sentiments, Elle accuse Théo et le confronte.

Alternative :

- ➢ **Expression des besoins :** elle pourrait exprimer ses sentiments de manière plus constructive en disant : *«Je ne me sens pas bien quand tu es distant. J'ai besoin de te sentir proche de moi."*
- ➢ **Écoute active :** Théo pourrait écouter attentivement ses peurs et lui montrer qu'il est là pour elle.
- ➢ **Validation des émotions :** Il est important de reconnaître les sentiments de Rose et de lui dire qu'il est normal d'avoir des doutes.
- ➢ **Recherche de solutions :** Ensemble, ils pourraient trouver des solutions pour mieux communiquer et gérer l'anxiété de Rose.

En conclusion, une communication ouverte et empathique est essentielle pour surmonter les défis de l'attachement anxieux.

Conseils :

- ➢ Exprimez vos sentiments et vos besoins de manière claire et constructive.
- ➢ Écoutez attentivement votre partenaire et essayez de comprendre son point de vue.
- ➢ Validez les émotions de l'autre et montrez-lui que vous êtes là pour lui.
- ➢ Recherchez ensemble des solutions pour améliorer votre communication et gérer l'anxiété. En prenant le temps de se comprendre et de se soutenir mutuellement, les couples peuvent surmonter les obstacles et construire une relation saine et durable.

Le biais de confirmation :

Ce biais, insidieux et omniprésent, influence nos pensées, nos interprétations et nos souvenirs, nous poussant à rechercher, interpréter et se souvenir des informations de manière à confirmer nos croyances préexistantes.

Imaginez-vous dans une situation quotidienne : vous envoyez un message à votre partenaire, mais il ne vous répond pas immédiatement. Les minutes s'écoulent, puis les heures, et vous commencez à vous sentir de plus en plus anxieux. Votre esprit se met en marche, cherchant désespérément des explications à cette absence de réponse. Et c'est là que le biais de confirmation entre en jeu. Vous vous demandez si votre partenaire est en train de vous abandonner, s'il a trouvé quelqu'un de mieux, si vous avez fait quelque chose de mal. Votre esprit se focalise sur ces pensées, cherchant frénétiquement des signes qui confirment ces craintes profondes. Chaque minute qui passe devient une preuve supplémentaire de votre conviction que vous êtes indésirable et non aimé.

Mais qu'en est-il des autres explications possibles ? Pourquoi ne pas envisager que votre partenaire est simplement occupé, qu'il a des contraintes professionnelles ou qu'il a simplement oublié de répondre ? Le biais de confirmation vous empêche de considérer ces alternatives, car il vous pousse à privilégier les informations qui alimentent vos croyances négatives préexistantes. Ce mécanisme psychologique est d'autant plus puissant qu'il agit souvent de manière inconsciente, nous laissant prisonniers de nos propres pensées limitantes. Il nous oblige à voir le monde à travers un filtre déformé, colorant nos interprétations avec une teinte sombre et pessimiste. Et ainsi, notre attachement anxieux se renforce, alimenté par nos propres perceptions biaisées. Mais pourquoi sommes-nous si enclins à tomber dans ce piège du biais de confirmation ? Pourquoi préférons-nous chercher des preuves qui confirment nos peurs plutôt que d'envisager des explications plus nuancées ?

La réponse réside dans notre besoin fondamental de certitude et de sécurité. En tant qu'être humain, nous sommes naturellement attirés par la stabilité et la prévisibilité. Les incertitudes, les doutes et les ambiguïtés nous rendent mal à l'aise, et nous cherchons donc à les éviter. Le biais de confirmation est une manière pour notre esprit de trouver cette certitude, même si elle est basée sur des croyances négatives et limitantes. Le philosophe Friedrich Nietzsche a un jour déclaré : ***"Nous avons l'art afin de ne pas mourir de la vérité".*** Cette citation trouve un écho profond dans notre exploration du biais de confirmation. Nous préférons nous accrocher à nos croyances préexistantes, même si elles sont erronées, plutôt que de faire face à la vérité dérangeante que nous pourrions être trompés, abandonnés ou rejetés. Il est donc essentiel de prendre conscience de ce mécanisme psychologique et de ses effets dévastateurs sur notre bien-être émotionnel. En nous interrogeant sur nos propres croyances, en remettant en question nos interprétations automatiques, nous pouvons commencer à briser les chaînes de l'attachement anxieux.

En conclusion, le biais de confirmation joue un rôle majeur dans l'attachement anxieux. Il nous pousse à rechercher, interpréter et se souvenir des informations de manière à confirmer nos croyances préexistantes, nous laissant dans l'incompréhension de nos émotions et de nos réactions. La prise de conscience de ce mécanisme psychologique nous permet de créer une connexion émotionnelle et empathique avec nous-mêmes.

Les autres schémas de pensée anxieux :

Outre la pensée dichotomique, il existe d'autres schémas de pensée qui peuvent contribuer à l'attachement anxieux. Ces schémas de pensée peuvent renforcer les peurs d'abandon, la dépendance émotionnelle et les difficultés relationnelles caractéristiques de l'attachement anxieux. Voici quelques schémas de pensée courants:

1) **Catastrophisme :** Il s'agit de la tendance à anticiper le pire scénario possible dans les situations relationnelles. Les personnes anxieusement attachées ont souvent une imagination vive qui amplifie les craintes d'abandon et de rejet. Elles peuvent anticiper la rupture de la relation ou imaginer des conséquences négatives disproportionnées pour des événements mineurs.

2) **Hypervigilance** : Les personnes anxieusement attachées peuvent être constamment à l'affût de signes de désintérêt, de rejet ou d'abandon de la part des autres. Elles sont hyper sensibles aux changements subtils dans le comportement des autres et interprètent souvent ces signaux de manière négative, ce qui renforce leur anxiété et leur besoin de réassurance.

3) **Surinterprétation :** Il s'agit de la tendance à donner une signification exagérée aux événements et aux comportements des autres. Les personnes anxieusement attachées peuvent interpréter de manière négative les comportements neutres ou ambivalents des autres, attribuant souvent ces comportements à un manque d'intérêt ou à un rejet personnel.

4) **Auto-dévalorisation** : Les personnes anxieusement attachées ont souvent une faible estime de soi et une tendance à se critiquer sévèrement. Elles peuvent se percevoir comme étant intrinsèquement indésirables, indignes d'amour ou incapables de maintenir des relations saines. Cette auto-dévalorisation renforce leur besoin de validation externe et leur dépendance émotionnelle.

5) **Idéalisation de la relation** : Les personnes anxieusement attachées peuvent idéaliser la relation et l'autre personne, en plaçant des attentes irréalistes sur la relation pour combler leurs besoins émotionnels. Elles peuvent voir la relation comme la source principale de bonheur et de sécurité, ce qui les rend vulnérables à l'anxiété lorsque la relation ne répond pas à ces attentes idéalisées.

Ces schémas de pensée peuvent maintenir un cercle vicieux d'attachement anxieux, alimentant l'anxiété et les comportements de recherche de réassurance.

Étape 2 - Apaiser le mental et les émotions.

Objectif de cette étape: L'attachement anxieux peut générer un mental agité et des émotions intenses. Heureusement, il existe de nombreuses techniques pour apaiser le mental et retrouver un équilibre émotionnel. Ce chapitre explore plusieurs approches holistiques et concrètes :

Ancrage dans le moment présent:

L'ancrage dans le moment présent est une technique de pleine conscience qui nous invite à ramener notre attention et notre conscience sur le moment présent. En nous concentrant sur nos sensations corporelles, notre respiration, nos pensées et nos émotions du moment, nous pouvons nous libérer des pensées obsédantes liées au passé ou à l'avenir, et nous connecter pleinement à la réalité présente. L'objectif de cette pratique est de cultiver une présence bienveillante et attentive envers nous-mêmes et notre environnement, ce qui a pour effet de réduire le stress, l'anxiété et la souffrance émotionnelle. De plus, l'ancrage dans le moment présent peut améliorer notre capacité de concentration, notre créativité, notre prise de décision et la qualité de nos relations interpersonnelles. Il convient de noter que l'ancrage dans le moment présent est une pratique largement reconnue et soutenue par la communauté scientifique et psychologique en raison de ses nombreux bienfaits pour la santé mentale et physique. De nombreuses études ont démontré que la pleine conscience et l'ancrage dans le moment présent peuvent atténuer les symptômes de l'anxiété, de la dépression, du trouble de stress post-traumatique et de la douleur chronique. En outre, ces pratiques peuvent améliorer la qualité de vie, la satisfaction personnelle et renforcer notre résilience émotionnelle.

Voici quelques exercices d'ancrage dans le moment présent qui peuvent être particulièrement utiles pour les personnes souffrant d'attachement anxieux :

1. **La respiration carrée :** cet exercice de respiration consiste à inspirer pendant quatre secondes, à retenir sa respiration pendant quatre secondes, à expirer pendant quatre secondes, puis à retenir sa respiration pendant quatre secondes de plus. Répétez cet exercice plusieurs fois, en vous concentrant sur votre respiration et en laissant aller toutes les pensées qui vous traversent l'esprit.
2. **La technique du body scan :** allongez-vous ou asseyez-vous confortablement, fermez les yeux et concentrez-vous sur les sensations dans votre corps. Commencez par les orteils et remontez lentement vers la tête, en observant les

sensations dans chaque partie de votre corps. Lorsque vous remarquez des tensions ou des douleurs, essayez de les relâcher en respirant profondément.

3. **La méditation de la montagne :** asseyez-vous confortablement, fermez les yeux et imaginez-vous être une montagne solide et immobile. Visualisez les vents et les tempêtes qui soufflent autour de vous, mais qui ne peuvent pas vous ébranler. Cette méditation peut vous aider à vous sentir plus stable et plus enraciné dans le moment présent.

4. **Respiration profonde:** Asseyez-vous confortablement, dos droit et épaules détendues. Placez une main sur votre ventre et l'autre sur votre poitrine. Puis inspirez lentement et profondément par le nez en gonflant votre ventre. Et expirez lentement par la bouche en rentrant votre ventre. Répétez pendant 5 à 10 minutes.

5. **Respiration diaphragmatique:** Allongez-vous sur le dos, les jambes légèrement fléchies, puis placez une main sur votre ventre et l'autre sur votre poitrine. Inspirez lentement par le nez en gonflant votre ventre et expirez lentement par la bouche en rentrant votre ventre, en visualisant votre diaphragme se contracter et se détendre à chaque respiration. Répétez pendant 5 à 10 minutes.

6. **La technique de l'arbre :** debout ou assis, imaginez que vos pieds sont des racines qui s'enfoncent profondément dans le sol. Visualisez-vous en train d'absorber l'énergie de la terre à travers vos racines, en la faisant remonter dans votre corps. Cette technique peut vous aider à vous sentir plus ancré et plus connecté à la terre.

7. **La visualisation :** fermez les yeux et imaginez un endroit où vous vous sentez en sécurité et détendu. Visualisez-vous dans cet endroit, en utilisant tous vos sens pour le rendre aussi réel que possible. Restez dans cet endroit imaginaire pendant quelques minutes, en vous concentrant sur votre respiration et en laissant aller toutes les pensées qui vous traversent l'esprit.

8. **Observation des pensées et des émotions:** Pour commencer, prenez un moment pour vous installer confortablement, fermez les yeux et préparez-vous à pratiquer l'observation de vos pensées et de vos émotions. Laissez-vous simplement être présent dans l'instant. Maintenant, dirigez votre attention vers vos pensées et vos émotions qui émergent naturellement. Ne cherchez pas à les contrôler ou à les modifier, mais observez-les avec curiosité et bienveillance. Laissez-les venir et partir, sans vous y attacher ni les juger. Si vous remarquez que vous vous jugez vous-même ou que vous vous laissez emporter par vos pensées, ramenez doucement votre attention sur votre respiration. Utilisez-la comme un point d'ancrage pour revenir à l'instant présent. Continuez cette pratique d'observation des pensées et des émotions pendant une durée de 5 à 10 minutes. Pendant ce temps, permettez à votre esprit d'explorer librement les différents paysages de votre monde intérieur, en observant sans s'attacher à chaque pensée ou émotion qui se présente. Rappelez-vous que l'objectif ici n'est pas de supprimer ou de

changer vos pensées et vos émotions, mais plutôt de les observer avec une attitude détachée et bienveillante. En pratiquant régulièrement cette observation sans jugement, vous pouvez développer une plus grande conscience de vos schémas de pensée et de vos réactions émotionnelles, ce qui peut vous aider à mieux vous comprendre et à cultiver une présence attentive dans votre vie quotidienne.

9. **Éviter les ruminations mentales :** les ruminations mentales sont des pensées répétitives et négatives qui peuvent alimenter l'attachement anxieux. Pour éviter les ruminations mentales, il est important de se concentrer sur le moment présent et de pratiquer la pleine conscience. Vous pouvez également vous fixer des limites en vous donnant un temps limité pour réfléchir à un problème, puis en passant à autre chose.

10. **L'écriture automatique :** prenez un stylo et du papier, et écrivez tout ce qui vous passe par la tête pendant cinq à dix minutes. Ne vous inquiétez pas de la grammaire ou de l'orthographe, laissez simplement vos pensées couler sur le papier. Cet exercice peut vous aider à libérer vos pensées et à vous ancrer dans le moment présent.

11. **La technique des 5 sens :** prenez un moment pour observer ce qui vous entoure en utilisant vos cinq sens. Identifiez 5 choses que vous pouvez voir, 4 choses que vous pouvez entendre, 3 choses que vous pouvez toucher, 2 choses que vous pouvez sentir et 1 chose que vous pouvez goûter. Cet exercice vous aide à vous connecter à votre environnement et à vous ancrer dans le moment présent.

   a) **Identifiez cinq choses que vous pouvez voir.** Par exemple :
      - La couleur des murs de la pièce où vous vous trouvez
      - Les formes des arbres à l'extérieur de votre fenêtre
      - Le visage d'une personne qui vous est chère
      - La texture d'un tapis sous vos pieds
      - La lumière du soleil qui traverse les nuages

   b) **Identifiez quatre choses que vous pouvez entendre.** Par exemple :
      - Le chant des oiseaux
      - Le bruit de la circulation
      - Le tic-tac d'une horloge
      - Le son de votre respiration
      - La musique qui joue en fond sonore

   c) **Identifiez trois choses que vous pouvez toucher.** Par exemple :
      - La douceur de votre peau
      - La rugosité d'une écorce d'arbre
      - La chaleur d'une tasse de café
      - La fraicheur d'un verre d'eau
      - Le poids d'un livre dans vos mains

d) **Identifiez deux choses que vous pouvez sentir.** Par exemple :
> - L'odeur du parfum d'une personne
> - L'odeur du pain frais
> - L'odeur de l'herbe coupée
> - L'odeur de la pluie
> - L'odeur du café

e) **Identifiez une chose que vous pouvez goûter.** Par exemple :
> - Le goût d'un fruit
> - Le goût d'un bonbon
> - Le goût d'un plat que vous aimez
> - Le goût de jus d'orange
> - Le goût de l'eau

Conseils: Prenez votre temps pour observer et identifier chaque élément. Ne jugez pas vos sensations, accueillez-les simplement. Si votre esprit s'égare, ramenez-le doucement à vos sens. Répétez cet exercice régulièrement pour vous familiariser avec la technique. En pratiquant régulièrement ces exercices d'ancrage dans le moment présent, vous pouvez apprendre à apaiser votre mental et à réduire votre anxiété d'attachement. Essayez de trouver celui qui fonctionne le mieux pour vous et pratiquez-le régulièrement pour en tirer le maximum de bénéfices.

Le pouvoir de l'acceptation:

Dans le silence des cages, loin des savanes et des forêts tropicales, les animaux du zoo portent en eux une lourdeur invisible. Leurs yeux, autrefois pétillants de vie sauvage, reflètent désormais une tristesse profonde, un désir d'évasion que leurs barreaux ne peuvent comprendre. La captivité, sous ses airs de protection, devient une prison dorée où l'instinct primal est étouffé, où le rugissement du lion se transforme en un murmure désespéré.

Les zoos, ces théâtres du sauvage, *sont le miroir de notre propre incapacité à accepter la nature dans son essence la plus pure.* Nous enfermons, nous exposons, et nous observons, mais dans le regard de ces créatures majestueuses, nous voyons le reflet de notre propre enfermement émotionnel. Prenons l'exemple des chameaux, ces nobles voyageurs des déserts arides. Dans leur habitat naturel, ils incarnent l'adaptation et la résilience, capables de survivre sans eau pendant des jours. Mais que deviennent-ils lorsqu'ils sont arrachés à leur monde de sable et de chaleur, pour être placés dans un environnement qui ne respecte pas leurs besoins les plus fondamentaux ? Leur résistance devient alors une lutte silencieuse, un combat contre un monde qui refuse de voir leur souffrance.

Et que dire de nous, humains, dans notre quotidien ?

Combien de fois avons-nous refoulé nos émotions, construit des murs autour de nos cœurs pour ne pas montrer notre vulnérabilité ? Comme les animaux du zoo, nous nous retrouvons piégés dans une existence qui ne reflète pas notre véritable nature. Et lorsque ces émotions refoulées finissent par éclater, elles peuvent se transformer en un torrent destructeur, balayant tout sur leur passage. Prenons l'exemple d'une rivière. Si une rivière est bloquée par un barrage, l'eau s'accumule derrière le barrage jusqu'à ce qu'elle atteigne un niveau critique. Si le barrage cède, l'eau se déverse avec une force dévastatrice, détruisant tout sur son passage. De même, lorsque nous refusons d'accepter nos émotions, nous risquons de les laisser s'accumuler jusqu'à ce qu'elles explosent avec une force incontrôlable, causant des dommages émotionnels et physiques à nous-mêmes et à ceux qui nous entourent. Nous pouvons devenir irritables, anxieux, déprimés ou même violents, car nous n'avons pas appris à exprimer nos émotions de manière saine et constructive.

La leçon que nous enseigne la nature est claire : accepter nos émotions est essentiel à notre équilibre. Ignorer cette vérité, c'est risquer l'explosion, c'est nier la partie la plus authentique de notre être. Que ce soit dans la cage d'un zoo ou dans les confins de notre esprit, la liberté émotionnelle est la clé d'une vie harmonieuse avec soi-même et avec le monde qui nous entoure.

L'acceptation est comme un phare dans la tempête, un guide qui peut nous aider à naviguer à travers les vagues tumultueuses de l'attachement anxieux. En acceptant nos émotions, nous pouvons apprendre à les comprendre, à les apprivoiser et finalement à les apaiser. Cela ne signifie pas que nous devons aimer ou approuver nos émotions. Au contraire, cela signifie que nous devons les reconnaître pour ce qu'elles sont : des réactions naturelles à nos expériences et à nos circonstances.

Voici une fiche pratique détaillée pour pratiquer l'acceptation émotionnelle en cas d'attachement anxieux :

Exemple : Imaginez que vous êtes dans une relation amoureuse et que vous ressentez de l'anxiété face à l'idée que votre partenaire puisse vous quitter. Voici comment vous pouvez pratiquer l'acceptation émotionnelle :

- ➤ **Étape 1 : Identifiez l'émotion que vous ressentez.** La première étape consiste à identifier l'émotion que vous ressentez. Essayez de nommer cette émotion avec précision. Par exemple, si vous vous sentez anxieux, demandez-vous s'il s'agit plutôt d'une peur, d'une inquiétude ou d'une nervosité.
- ➤ **Étape 2 : Acceptez l'émotion.** Une fois que vous avez identifié l'émotion, essayez de l'accepter pleinement. Cela signifie que vous reconnaissez sa présence en vous,

sans jugement ni résistance. Vous pouvez dire quelque chose comme : "Je reconnais que je me sens anxieux en ce moment, et c'est d'accord".

- ➢ **Étape 3 : Explorez les sensations physiques.** Concentrez-vous sur les sensations physiques associées à l'émotion. Où ressentez-vous cette émotion dans votre corps ? Est-ce que c'est une sensation de serrement dans la poitrine, une boule dans la gorge, des papillons dans le ventre ? Essayez de décrire ces sensations avec précision. Par exemple, Vous ressentez une sensation de serrement dans la poitrine et une boule dans la gorge.
- ➢ **Étape 4 : Soyez curieux et compatissant envers vous-même.** Posez-vous des questions sur l'émotion que vous ressentez, avec curiosité et bienveillance. Demandez-vous : "Qu'est-ce que cette émotion essaie de me dire? Quels sont les besoins sous-jacents à cette émotion?" Essayez de comprendre les racines de votre souffrance émotionnelle, sans vous juger ni vous critiquer. Par exemple, Vous réalisez que votre anxiété est liée à un besoin de sécurité émotionnelle et à une peur de l'abandon.
- ➢ **Étape 5 : Trouvez des moyens sains d'y répondre.** Une fois que vous avez compris les besoins sous-jacents à l'émotion, essayez de trouver des moyens sains d'y répondre. Par exemple, si vous ressentez de l'anxiété parce que vous avez peur de l'abandon, vous pouvez essayer de renforcer votre estime de soi en pratiquant des affirmations positives ou en passant du temps avec des personnes qui vous valorisent. Ou de Trouver des moyens sains d'y répondre. Vous décidez de parler à votre partenaire de vos peurs et de vos besoins émotionnels, plutôt que de les garder pour vous. Vous décidez également de pratiquer des exercices de respiration profonde pour calmer votre esprit et votre corps.

Techniques pour y parvenir:

1. Reconnaître ses émotions:

- ➢ **Accueillir ses émotions:** Accueillez vos émotions difficiles sans les juger. Nommez-les et observez les sensations physiques et les pensées qu'elles génèrent.
- ➢ **Ne pas les refouler:** Ne cherchez pas à refouler vos émotions ou à les minimiser. Elles ont le droit d'exister et de s'exprimer.
- ➢ **Exprimez vos émotions:** Exprimez vos émotions de manière saine, par exemple en les écrivant dans un journal, en parlant à un ami ou à un professionnel, ou en pratiquant une activité créative.

2. Pratique de la compassion envers soi:

- ➢ **Soyez bienveillant envers vous-même:** Traitez-vous avec la même compassion que vous traiteriez un ami qui traverse une épreuve difficile.

- ➢ **Pardonnez-vous vos erreurs:** Tout le monde fait des erreurs. Apprenez à vous pardonner et à vous concentrer sur le présent.
- ➢ **Encouragez-vous:** Donnez-vous des encouragements et des paroles positives.

- ➢ **Accepter la réalité:** Acceptez la réalité telle qu'elle est, même si elle ne vous plaît pas.
- ➢ **Lâcher prise:** Vous ne pouvez pas contrôler tout ce qui vous arrive. Apprenez à lâcher prise et à accepter les choses que vous ne pouvez pas changer.
- ➢ **Se concentrer sur le présent:** Concentrez-vous sur le moment présent et sur ce que vous pouvez contrôler.

En pratiquant l'acceptation, vous apprendrez à gérer vos émotions difficiles avec plus de sérénité et à vivre une vie plus paisible. N'oubliez pas que l'acceptation est un processus qui prend du temps et de la patience. Soyez patient envers vous-même et célébrez chaque petit progrès.

Exercices de pleine conscience:

La pleine conscience est une pratique qui consiste à porter une attention consciente à l'instant présent, sans jugement ni attachement. Elle permet de développer une plus grande conscience de nos pensées, émotions et sensations, tout en cultivant une attitude d'acceptation et de bienveillance envers soi-même. Voici quelques exercices de pleine conscience qui peuvent aider à apaiser le mental :

1.   La Pleine Conscience : Observer sans Jugement.

a) **La respiration consciente** : Prenez quelques instants pour vous asseoir confortablement et porter votre attention sur votre respiration. Observez le flux et le reflux de l'air à travers votre corps, en restant simplement présent à cette expérience sans chercher à la modifier. Laissez les pensées venir et partir, en ramenant doucement votre attention à votre souffle à chaque fois que votre esprit s'évade.

b) **L'exploration sensorielle** : Choisissez un objet ou un aliment, comme une fleur ou un fruit. Prenez le temps de l'observer attentivement, en notant ses couleurs, sa texture, son parfum. Portez votre attention sur les sensations qu'il éveille en vous, sans jugement. Cette pratique vous permet de vous reconnecter à l'instant présent et de développer une plus grande conscience sensorielle.

c) **Ressentir son corps:** Allongez-vous confortablement et scannez votre corps, en portant attention aux sensations et tensions présentes.

d) **Observer la respiration:** Assis en position confortable, observez votre souffle naturel, sans le modifier.

e) **Marcher en pleine conscience:** Pratiquez la marche en portant attention à vos pas, à la sensation du sol sous vos pieds et à l'environnement qui vous entoure.

La pleine conscience consiste à porter son attention sur le moment présent, sans jugement ni interprétation.

2. La Méditation : Cultiver le Calme Intérieur.

La méditation est une pratique millénaire qui favorise la tranquillité mentale et émotionnelle. Elle consiste à diriger consciemment son attention vers un objet, tel que la respiration, un mantra ou une visualisation, afin de calmer le flot incessant des pensées. Voici quelques formes de méditation qui peuvent être bénéfiques pour apaiser le mental :

a) **Méditation de pleine conscience :** Pratiquez cette méditation pendant quelques minutes chaque jour pour cultiver la présence et l'acceptation. Par exemple : Asseyez-vous confortablement et portez votre attention sur votre respiration, sans chercher à la modifier. Laissez les pensées et les émotions venir et partir, en les observant simplement, sans vous y attacher.

   - **Exemple 1:** Asseyez-vous sur une chaise, le dos droit et les pieds à plat sur le sol. Fermez les yeux et portez votre attention sur votre respiration. Observez le mouvement de votre ventre à chaque inspiration et expiration. Sentez l'air entrer et sortir de vos narines. Si votre esprit s'égare, ramenez-le doucement à votre respiration. Pratiquez pendant 5 minutes.

   - **Exemple 2:** Marchez lentement dans un endroit calme. Portez attention à la sensation de vos pieds sur le sol, au mouvement de vos bras et à la sensation du vent sur votre peau. Observez les sons et les odeurs qui vous entourent. Restez dans le moment présent et laissez les pensées et les émotions venir et partir sans vous y attacher. Pratiquez pendant 10 minutes.

b) **Méditation guidée :** Utilisez des enregistrements audio ou des applications de méditation guidée pour vous accompagner dans votre pratique. Ces ressources offrent des instructions et des visualisations qui peuvent vous aider à vous détendre et à calmer votre esprit.

- **Exemple 1:** Téléchargez une application de méditation guidée comme "Headspace" ou "Calm". Choisissez une méditation pour la gestion de l'anxiété ou le sommeil. Écoutez les instructions et laissez-vous guider par la voix du narrateur. Imaginez les images et les sensations décrites. Pratiquez pendant 20 minutes.
- **Exemple 2:** Recherchez sur YouTube des vidéos de méditation guidée pour l'attachement anxieux. Choisissez une vidéo qui vous correspond et écoutez attentivement les instructions. Répétez les phrases que le guide vous propose. Pratiquez pendant 15 minutes.

c) **Méditation de la bienveillance:** Envoyez des pensées positives et de compassion à vous-même et aux autres.

- **Exemple 1:** Asseyez-vous confortablement et fermez les yeux. Répétez les phrases suivantes en dirigeant votre attention vers vous-même : "Que je sois heureux(se). Que je sois en paix. Que je sois en sécurité. Que je sois en bonne santé." Répétez ensuite les phrases en dirigeant votre attention vers une personne que vous aimez, puis vers une personne neutre, puis vers une personne difficile. Pratiquez pendant 10 minutes.
- **Exemple 2:** Imaginez une personne que vous aimez et visualisez-la heureuse et en paix. Envoyez-lui des pensées positives et de compassion. Imaginez ensuite une lumière douce qui enveloppe cette personne et la remplit d'amour. Répétez cet exercice avec d'autres personnes. Pratiquez pendant 15 minutes.

d) **Scan corporel en méditation:** Pratiquez un scan corporel en y associant la visualisation d'une lumière douce qui apaise les tensions.

- **Exemple 1:** Allongez-vous confortablement sur le dos et fermez les yeux. Portez votre attention sur votre corps et sentez la tension dans vos muscles. Inspirez profondément et visualisez une lumière douce qui descend le long de votre corps, en détendant chaque muscle. Commencez par vos pieds et remontez lentement jusqu'à votre tête. Pratiquez pendant 15 minutes.
- **Exemple 2:** Imaginez que votre corps est un nuage et que chaque tension est une goutte de pluie. Inspirez profondément et visualisez les gouttes de pluie qui quittent votre corps et se dissolvent dans le ciel. Sentez votre corps se détendre et se remplir de légèreté. Pratiquez pendant 20 minutes.

La méditation vise à calmer le mental et à développer un état de présence attentive.

La sophrologie : accéder à la relaxation profonde.

La sophrologie est une discipline qui vise à favoriser la relaxation profonde du corps et de l'esprit. Elle combine des techniques de respiration, de visualisation et de détente musculaire pour induire un état de relaxation profonde et de tranquillité intérieure. Dans cette section, nous explorerons comment la sophrologie peut être utilisée spécifiquement pour accéder à la relaxation profonde.

Objectifs: La sophrologie peut vous aider à :

- Gérer votre stress et votre anxiété.
- Améliorer votre sommeil.
- Développer votre confiance en vous.
- Gérer vos émotions.
- Améliorer votre concentration.
- Soulager la douleur.

Déroulement d'une séance: Une séance de sophrologie se déroule généralement en trois phases avec ou sans un sophrologue ou bien vous-même

1) **La phase d'accueil:** Le sophrologue vous invite à vous installer confortablement et à prendre conscience de votre respiration.
2) **La phase de relaxation:** Le sophrologue vous guide à travers des exercices de respirations, de contractions musculaires et de visualisations positives.
3) **La phase de retour à la conscience:** Le sophrologue vous invite à revenir progressivement à la conscience et à partager vos ressentis.

Fiche pratique : Exemple de situation concrète de l'attachement anxieux analysé sur les étapes de la sophrologie

Situation: Clémentine, 28 ans, souffre d'attachement anxieux depuis plusieurs années. Elle est constamment envahie par la peur d'être abandonnée par son partenaire, Maxime. Cette peur la rend très possessive et jalouse, et elle a du mal à faire confiance à Maxime.

1) **Phase d'accueil:** Clémentine s'installe confortablement dans un endroit calme, de préférence dans un fauteuil confortable. Elle ferme les yeux et commence à prendre conscience de sa respiration. À chaque inspiration, elle observe le mouvement de son ventre qui se soulève, et à chaque expiration, Elle ressent une certaine tension dans son corps, notamment au niveau du thorax et des épaules. Puis elle ressent le relâchement de son corps. Clémentine prend le temps de se connecter à sa respiration et de laisser aller les tensions.

2) **Phase de relaxation:** Clémentine poursuit en pratiquant des exercices de respiration profonde. Elle inspire profondément par le nez en gonflant son ventre, retient quelques secondes, puis expire lentement par la bouche en relâchant toutes les tensions. Elle répète cet exercice plusieurs fois, se concentrant sur chaque inspiration et chaque expiration. Ensuite, elle se concentre sur son corps et pratique des contractions musculaires progressives. Elle serre doucement ses poings, puis relâche. Elle contracte ses muscles des épaules, puis les relâche. Elle continue ce processus de contraction et de relâchement à travers tout son corps, ce qui l'aide à relâcher les tensions accumulées.

3) **Phase de retour à la conscience:** Après avoir terminé les exercices de relaxation, elle se laisse imprégner par une visualisation positive. Elle imagine un endroit calme et sécurisé, comme une plage au coucher du soleil. Elle se voit marcher pieds nus sur le sable chaud, sentant la brise douce sur son visage. Clémentine se connecte à cette sensation de paix et de tranquillité. Ensuite, elle intègre la présence de Maxime dans sa visualisation. Elle imagine qu'il est à ses côtés, lui tenant la main avec tendresse. Elle ressent un sentiment de sécurité et de confiance dans cette scène, sachant qu'elle peut compter sur Maxime pour la soutenir et l'aimer.

Analyse: L'exercice de sophrologie a permis à Clémentine de :

- Prendre conscience de ses tensions physiques et émotionnelles.
- Se détendre et se relaxer.
- Développer un sentiment de sécurité et de confiance.
- Visualiser une relation positive avec Maxime.

Cet exercice est un premier pas vers la gestion de l'attachement anxieux de Clémentine. En pratiquant la sophrologie régulièrement, elle pourra apprendre à mieux gérer ses émotions et à développer une relation plus sereine avec Maxime.

Bénéfices: La sophrologie est une méthode douce et accessible à tous. Elle peut être pratiquée en groupe ou en individuel avec un professionnel ou par vous-même. Les bienfaits de la sophrologie se font ressentir dès les premières séances.

Intégrer ces pratiques à votre routine quotidienne peut contribuer à:

- Diminuer l'anxiété et le stress
- Améliorer la qualité du sommeil
- Développer la confiance en soi
- Renforcer la compassion envers soi et les autres
- Accroître la présence attentive et la capacité à gérer ses émotions

Conseils pour une pratique efficace :

> ➤ **Commencez par de courtes séances:** 5 à 10 minutes suffisent pour débuter.
> ➤ **Soyez patient et régulier:** La pratique régulière est la clé du succès.
> ➤ **Choisissez un environnement calme et confortable:** Favorisez un espace propice à la relaxation.
> ➤ **Ne vous jugez pas:** Si votre esprit vagabonde, ramenez-le gentiment à l'exercice en cours.
> ➤ **Variez les techniques:** Explorez différentes pratiques pour trouver celles qui vous conviennent le mieux.

Restructuration cognitive:

L'attachement anxieux est souvent alimenté par des pensées négatives et irrationnelles. La restructuration cognitive est une technique qui permet d'identifier et de modifier ces pensées afin de mieux gérer l'anxiété. Cette approche thérapeutique consiste à identifier les pensées et les croyances négatives qui nous causent de la souffrance, et à les remplacer par des pensées et des croyances plus positives et plus constructives. En modifiant notre façon de penser, nous pouvons modifier notre façon de ressentir et de nous comporter. Prenons l'exemple précédente de clémentine, la jeune femme qui souffre d'attachement anxieux. Elle est constamment préoccupée par la peur d'être abandonnée par Maxime. Elle est convaincue qu'elle n'est pas assez bien pour lui, et qu'il finira par la quitter pour quelqu'un de mieux. Cette pensée négative la hante jour et nuit, et elle se sent constamment anxieuse et insécurisée. Mais grâce à la restructuration cognitive, elle peut apprendre à remettre en question cette pensée négative et à la remplacer par une pensée plus positive et plus réaliste. Elle peut se demander : *"Est-ce que j'ai des preuves concrètes que mon partenaire va me quitter ? Est-ce que je suis vraiment moins bien que les autres, ou est-ce simplement une croyance irrationnelle ? Est-ce que je peux trouver des exemples de moments où mon partenaire m'a montré qu'il m'aime et m'apprécie ?"* En posant ces questions, elle peut commencer à remettre en question sa croyance négative et à la remplacer par une croyance plus positive et plus réaliste. Elle peut se dire *: "Mon partenaire m'aime et m'apprécie pour qui je suis. Je suis une personne digne d'amour et de respect. Je peux faire confiance à mon partenaire et à notre relation."*

Mais la restructuration cognitive ne se limite pas à la modification de nos pensées. Elle peut également nous aider à modifier notre façon de ressentir et de nous comporter. En changeant notre façon de penser, nous pouvons changer notre façon de réagir aux situations difficiles. Par exemple, Clémentine a tendance à réagir de manière excessive aux conflits dans sa relation. Elle peut devenir très émotive et colérique, ce qui peut causer des tensions et des malentendus avec son partenaire. Mais grâce à la restructuration cognitive, elle peut apprendre à modifier sa façon de réagir aux conflits. Elle peut se dire : "Je suis capable de gérer cette situation de manière calme et rationnelle. Je peux écouter Maxime et essayer de comprendre son point de vue. Je peux exprimer mes sentiments et mes besoins de manière respectueuse et constructive." En modifiant sa façon de penser, elle peut modifier sa façon de réagir aux conflits. Et devenir plus calme et plus rationnelle, ce qui peut améliorer sa relation avec son partenaire.

Voici une stratégie détaillée de restructuration cognitive qu'un tel thérapeute pourrait proposer à un patient comme Clémentine pour l'aider à surmonter son attachement anxieux :

1. **Identification des pensées automatiques négatives** : Clémentine identifier ses pensées automatiques négatives lorsqu'elle ressent de l'anxiété liée à son attachement. Ces pensées pourraient inclure des idées telles que "Maxime va me quitter" ou "Je ne suis pas assez bien pour être aimée". Elle peut noter ces pensées dans un journal pour mieux les comprendre et les analyser.
2. **Évaluation des preuves** : Ensuite, Clémentine évalue les preuves qui soutiennent ou contredisent ces pensées négatives. Elle se pose des questions telles que : "Quelles sont les preuves que Maxime m'aime et qu'il souhaite rester avec moi ?" ou "Quelles sont les expériences passées qui contredisent ma croyance que je ne suis pas assez bien pour être aimée ?".
3. **Développement de pensées alternatives** : Elle travaille sur le développement de pensées alternatives et plus équilibrées qui reflètent la réalité de manière plus précise. Par exemple, au lieu de penser "Maxime va me quitter", elle pourrait remplacer cette pensée par "Maxime m'a montré à plusieurs reprises qu'il m'aime et qu'il est engagé dans notre relation".
4. **Utilisation de techniques de restructuration cognitive** : Elle utilise des techniques de restructuration cognitive telles que la réalité objective, l'exploration des alternatives, la mise en perspective et la réévaluation des risques. Elle prend le temps de remettre en question ses schémas de pensée négatifs et de les remplacer par des schémas plus adaptatifs.
   a) **Réalité objective :**
      - **Pensée automatique négative :** "Maxime ne m'a pas envoyé de message aujourd'hui, il doit être en train de me délaisser."
      - **Technique de réalité objective :** Clémentine prend du recul et examine objectivement la situation. Elle se rappelle qu'il y a eu des jours où Maxime était occupé et n'a pas pu répondre immédiatement, sans que cela signifie qu'il la délaisse intentionnellement.

b) Exploration des alternatives :
- ➢ **Pensée automatique négative** : "Si Maxime ne répond pas immédiatement, c'est qu'il ne m'aime pas autant que je l'aime."
- ➢ **Technique d'exploration des alternatives** : Clémentine considère différentes raisons pour lesquelles Maxime pourrait ne pas répondre immédiatement. Peut-être est-il occupé au travail ou dans une réunion. Elle se rappelle aussi des moments où il a exprimé son amour et son engagement envers elle, ce qui lui donne une perspective plus équilibrée.

c) Mise en perspective :
- ➢ **Pensée automatique négative** : "Je ne suis pas assez bien pour Maxime, c'est pourquoi il va finir par me quitter."
- ➢ **Technique de mise en perspective** : Clémentine se remémore des moments où Maxime lui a exprimé son admiration et son amour pour elle. Elle se rappelle aussi qu'elle a des qualités uniques et des expériences positives dans leur relation, ce qui lui permet de voir sa valeur personnelle de manière plus réaliste.

d) Réévaluation des risques :
- ➢ **Pensée automatique négative** : "Si je ne suis pas constamment présente et attentive, Maxime va trouver quelqu'un de mieux."
- ➢ **Technique de réévaluation des risques** : Clémentine évalue objectivement les risques de perdre Maxime en raison de son comportement anxieux. Elle réalise que son attachement anxieux peut en fait mettre une pression inutile sur leur relation et qu'en se concentrant sur sa propre croissance personnelle et son bien-être, elle renforce leur lien de manière plus saine et équilibrée.

5. **Pratique régulière et suivi** : Clémentine s'engage à pratiquer régulièrement ces techniques de restructuration cognitive dans sa vie quotidienne. Elle peut utiliser des rappels visuels, comme des post-it avec des pensées alternatives, pour l'aider à intégrer ces nouvelles façons de penser.

6. **Intégration de la pleine conscience et de la gestion émotionnelle** : En parallèle avec la restructuration cognitive, Clémentine intègre des techniques de pleine conscience et de gestion émotionnelle dans sa routine quotidienne. Elle pratique la respiration profonde, la méditation de pleine conscience et la relaxation musculaire pour rester présente dans le moment présent et pour gérer efficacement ses émotions liées à l'attachement anxieux.

En combinant ces différentes approches, Clémentine peut surmonter progressivement son attachement anxieux en remettant en question ses croyances négatives et en développant des pensées plus adaptatives et constructives.

Mais la restructuration cognitive n'est pas toujours facile. Cela peut prendre du temps et des efforts pour remettre en question nos croyances négatives et les remplacer par des croyances plus positives et plus réalistes. Cela peut également être émotionnellement difficile, car cela peut impliquer de faire face à des peurs et à des insécurités profondément enracinées. C'est pourquoi il est important de se faire aider par un thérapeute qualifié dans le domaine de la restructuration cognitive. Un thérapeute peut nous aider à identifier nos pensées et nos croyances négatives, et à développer des stratégies pour les remplacer par des pensées et des croyances plus positives et plus constructives.

Comme l'a dit le philosophe grec Épictète, "Les hommes sont dérangés non par les choses, mais par les vues qu'ils prennent des choses." En modifiant notre façon de voir les choses, nous pouvons modifier notre façon de ressentir et de nous comporter. Nous pouvons surmonter nos peurs et nos insécurités, et retrouver la paix intérieure et la confiance en soi. Alors n'ayez pas peur de vous lancer dans la restructuration cognitive. Avec de la patience, de la persévérance et de l'aide professionnelle, vous pouvez surmonter l'attachement anxieux et vivre une vie épanouissante et heureuse. Comme l'a dit le psychologue Albert Ellis, "Le passé ne peut pas être changé. L'avenir est encore dans votre pouvoir." Alors prenez le pouvoir de changer votre avenir, en changeant votre façon de penser et de ressentir les choses.

Techniques :

1. Identifier les pensées négatives:

- ➢ Prenez conscience de vos pensées lorsque vous ressentez de l'anxiété.
- ➢ Notez vos pensées sur un papier ou dans un journal.
- ➢ Identifiez les pensées automatiques et irrationnelles.

2. Challenger les pensées négatives:

- ➢ Remettez en question vos pensées négatives.
- ➢ Demandez-vous si elles sont fondées sur des preuves.
- ➢ Recherchez des contre-exemples.
- ➢ Remplacez vos pensées négatives par des pensées plus rationnelles et positives.

3. Développer des pensées positives:

- ➢ Cultivez des pensées positives et encourageantes.

- ➢ Concentrez-vous sur vos forces et vos réussites.
- ➢ Répétez des affirmations positives.
- ➢ Visualisez des situations positives.

Conclusion :

La restructuration cognitive est un outil puissant pour apprendre à gérer l'anxiété et à améliorer la qualité de vie. En pratiquant régulièrement cette technique, vous apprendrez à identifier et à modifier vos pensées négatives, à développer des pensées plus rationnelles et positives, et à vivre une vie plus sereine.

Tolérance à l'incertitude.

Imaginez que vous êtes sur un bateau en pleine mer, loin de la terre ferme. Le ciel est sombre et menaçant, et les vagues sont hautes et agitées. Vous ne savez pas où vous allez, ni combien de temps cela prendra avant d'arriver à destination. Vous êtes pris de panique et d'anxiété, car vous n'êtes pas habitué à naviguer dans des eaux inconnues. Vous vous sentez vulnérable et impuissant, à la merci des éléments. C'est exactement ce que ressentent les personnes souffrant d'attachement anxieux lorsqu'elles sont confrontées à l'incertitude et à l'imprévisibilité de la vie. Elles ont peur de l'inconnu, de l'imprévu, et elles ont besoin de contrôler et de prédire tout ce qui se passe autour d'elles pour se sentir en sécurité et apaisées.

Mais la vie est imprévisible et incertaine par nature. Nous ne pouvons pas tout contrôler ou prédire, et nous devons apprendre à tolérer l'incertitude pour vivre une vie épanouissante et heureuse. Comme l'a dit le philosophe Sénèque, ***"Ce n'est pas parce que les choses sont difficiles que nous n'osons pas, c'est parce que nous n'osons pas qu'elles sont difficiles".*** Prenons l'exemple d'un enfant qui apprend à marcher. Au début, il tombe et se relève, encore et encore, jusqu'à ce qu'il apprenne à garder l'équilibre et à avancer. Il ne sait pas où il va, ni combien de temps cela prendra avant d'y arriver, mais il continue d'essayer, avec persévérance et détermination. Il tolère l'incertitude et l'imprévisibilité de la marche , car il sait que c'est la seule façon d'apprendre et de progresser.

De même, nous devons apprendre à tolérer l'incertitude et l'imprévisibilité de la vie, en acceptant que nous ne pouvons pas tout contrôler ou prédire. Nous devons apprendre à vivre dans le moment présent, à accepter les choses telles qu'elles sont, et à faire confiance à la vie et à ses possibilités infinies. Nous devons apprendre à lâcher prise et à nous abandonner à l'expérience, sans peur ni anxiété.

Mais comment pouvons-nous cultiver la tolérance à l'incertitude ? Voici quelques techniques et exercices qui peuvent vous aider :

1. **La méditation de pleine conscience** : La méditation de pleine conscience consiste à se concentrer sur le moment présent, en utilisant la respiration comme ancrage. En pratiquant régulièrement la méditation de pleine conscience, vous pouvez apprendre à vous détacher de vos pensées et de vos émotions, et à vous concentrer sur l'instant présent, sans jugement ni attente. Vous pouvez également apprendre à accepter l'incertitude et l'imprévisibilité de la vie, en cultivant la patience et la confiance.

2. **Développement de la flexibilité mentale** : Cela implique d'être ouvert à différentes perspectives et de ne pas être rigide dans ses attentes. En pratiquant la remise en question de ses propres pensées et en considérant plusieurs scénarios possibles, on peut devenir plus flexible face à l'incertitude. Soyez flexible dans vos attentes et ouvert aux changements de plans.

3. **Exposition progressive aux situations incertaines** : Cela implique de s'exposer volontairement à des situations qui génèrent de l'anxiété liée à l'incertitude, mais de manière graduelle et contrôlée. Par exemple, commencer par des situations légèrement incertaines et augmenter progressivement le niveau d'incertitude au fur et à mesure que l'on devient plus à l'aise.

4. **Renforcement de l'estime de soi** : Une estime de soi positive permet de se sentir plus confiant et capable de faire face aux défis, y compris aux situations incertaines. Le renforcement de l'estime de soi peut se faire à travers des techniques telles que l'affirmation de soi, la reconnaissance des succès passés et la pratique de l'auto-compassion.

5. **Utilisation de techniques de relaxation** : Enfin, l'utilisation de techniques de relaxation telles que la respiration profonde, la relaxation musculaire progressive peuvent aider à réduire le niveau général d'anxiété, ce qui rend plus facile de tolérer l'incertitude.

6. **Identifier et remettre en question les pensées catastrophiques** : Apprendre à reconnaître et à remettre en question les pensées catastrophiques liées à l'incertitude peut réduire l'anxiété.

7. **Se concentrer sur ce qui est contrôlable** : Mettre l'accent sur les aspects de la vie sur lesquels on a un certain contrôle plutôt que de se préoccuper de l'incertitude.

8. **Reconnaître et accepter les émotions** : Reconnaître et accepter les émotions liées à l'incertitude, sans chercher à les éviter ou à les juger, peut aider à les gérer.

9. **La thérapie cognitivo-comportementale (TCC)** : La TCC est une thérapie qui vise à modifier les pensées et les comportements négatifs et autodestructeurs, en utilisant des techniques de restructuration cognitive et d'exposition progressive. En travaillant avec un thérapeute, vous pouvez apprendre à identifier et à remettre en question vos pensées et vos croyances négatives, à développer des stratégies d'adaptation plus efficaces, et à affronter vos peurs et vos anxiétés de manière progressive et contrôlée.

10. **L'acceptation radicale** : L'acceptation radicale consiste à accepter pleinement et sans réserve les choses telles qu'elles sont, sans jugement ni résistance. En pratiquant l'acceptation radicale, vous pouvez apprendre à lâcher prise et à vous abandonner à l'expérience, sans peur ni anxiété. Vous pouvez également apprendre à cultiver la gratitude et la compassion envers vous-même et les autres, en reconnaissant que la vie est imparfaite et imprévisible, mais qu'elle est aussi belle et merveilleuse.

En fin de compte, la tolérance à l'incertitude est une compétence essentielle pour gérer l'anxiété de l'attachement anxieux et pour vivre une vie épanouissante et heureuse. Comme l'a dit le philosophe Épicure, "Le sage n'est pas celui qui ne ressent rien, mais celui qui sait supporter ce qu'il ressent". En cultivant la tolérance à l'incertitude, nous pouvons apprendre à supporter nos émotions et nos pensées, à accepter l'imprévisibilité de la vie, et à vivre dans le moment présent, avec confiance et sérénité

L'EFT pour apaiser le mental

L'EFT, ou Emotional Freedom Techniques, est une technique de libération émotionnelle qui peut être utile pour apaiser le mental lorsqu'on souffre d'attachement anxieux. Cette technique simple et efficace se base sur la stimulation de points d'acupuncture par tapotement, tout en se concentrant sur des pensées et des émotions négatives.

Comment l'EFT peut-elle aider à gérer l'attachement anxieux ?

> ➢ Réduire l'intensité des émotions négatives.
> ➢ Modifier les pensées négatives en pensées plus rationnelles et positives.

➤ Améliorer la régulation émotionnelle.
➤ Développer une meilleure estime de soi.
➤ Renforcer la confiance en soi.

Comment pratiquer l'EFT pour l'attachement anxieux ?

Voici les étapes à suivre pour pratiquer l'EFT pour l'attachement anxieux :

1. Choisissez une émotion ou une pensée négative sur laquelle vous souhaitez travailler. Par exemple, ***"J'ai peur d'être abandonné(e)"***.
2. Évaluez l'intensité de l'émotion sur une échelle de 0 à 10 (0 étant l'absence d'émotion et 10 l'intensité maximale).
3. Identifiez la phrase de préparation. Il s'agit d'une phrase qui affirme votre acceptation de l'émotion et de vous-même. Par exemple, ***"Même si j'ai peur d'être abandonné(e), je m'accepte et je m'aime profondément."***
4. Tapez doucement avec les bouts de vos doigts sur les points d'acupuncture tout en répétant la phrase de préparation. Les points d'acupuncture à stimuler sont : Le sourcil, Le côté de l'œil, Sous l'œil, Sous le nez, Le menton, La clavicule, Sous le bras et Le poignet
5. Répétez les étapes 3 et 4 en reformulant la phrase de préparation pour cibler l'émotion négative plus précisément. Par exemple, ***"J'ai peur d'être abandonné(e) par mon partenaire"***.
6. Évaluez à nouveau l'intensité de l'émotion.
7. Répétez les étapes 3 à 6 jusqu'à ce que l'intensité de l'émotion diminue significativement ou atteigne 0.

Conseils pour pratiquer l'EFT:

➤ Soyez patient et persistant. Il peut prendre plusieurs séances pour obtenir des résultats significatifs.
➤ Concentrez-vous sur vos émotions et vos sensations pendant que vous pratiquez l'EFT.
➤ Si vous avez des difficultés à pratiquer l'EFT seul(e), vous pouvez consulter un praticien EFT certifié.

L'EFT est un outil puissant et accessible qui peut vous aider à gérer l'attachement anxieux et à améliorer votre bien-être émotionnel.

Ressources supplémentaires : N'oubliez pas de voir des Vidéos sur YouTube sur l'EFT pour l'attachement anxieux.

Techniques de gestion de l'anxiété:

Imaginez une forêt dense et sombre, où chaque bruit, chaque mouvement, vous plonge dans un état de vigilance extrême. Vous êtes comme un animal traqué, toujours sur le qui-vive, toujours prêt à fuir. C'est ainsi que se sentent souvent les personnes souffrant d'attachement anxieux. Chaque pensée, chaque émotion est perçue comme une menace potentielle, alimentant un cercle vicieux d'anxiété et de peur. Dans la vie quotidienne, cette lutte contre l'anxiété se manifeste de différentes manières. Peut-être évitez-vous les situations sociales, de peur d'être jugé ou rejeté. Peut-être vous repliez-vous sur vous-même, cherchant refuge dans des comportements compulsifs ou addictifs. Ou peut-être êtes-vous constamment en proie à des pensées négatives, vous sentant incapable de contrôler votre propre esprit. Mais heureusement qu'il existe plusieurs types de thérapie qui peuvent être utiles pour gérer l'anxiété, notamment.

Thérapie cognitivo-comportementale (TCC) :

La TCC est une thérapie brève et structurée qui vise à modifier les pensées et les comportements négatifs qui contribuent à l'anxiété. Elle repose sur l'idée que nos pensées, nos émotions et nos comportements sont interreliés. En modifiant nos pensées, nous pouvons modifier nos émotions et nos comportements.

Imaginez que votre esprit est comme un jardin. L'anxiété, c'est comme les mauvaises herbes qui poussent et peuvent prendre le dessus si on ne s'en occupe pas. La thérapie cognitive-comportementale (TCC) est l'ensemble des outils de jardinage qui vous aide à prendre soin de votre jardin intérieur.

Voici quelques-unes des techniques de TCC pour l'anxiété, simplifiées avec des analogies :

1. **Respiration profonde :** Comme arroser doucement vos plantes, la respiration profonde nourrit votre esprit avec de l'oxygène et calme l'anxiété.
2. **Relaxation musculaire :** C'est comme retirer les pierres qui bloquent la croissance de vos plantes. En relâchant les muscles tendus, vous libérez l'espace pour que la sérénité puisse fleurir.
3. **Exposition :** Affronter progressivement les situations redoutées. C'est comme vous habituer à la présence des insectes dans le jardin sans paniquer. Vous vous exposez progressivement à ce qui vous fait peur, et avec le temps, cela devient moins effrayant.
4. **Restructuration cognitive :** Identifier et remettre en question les pensées négatives et automatiques. Cela consiste à arracher les mauvaises herbes des

pensées négatives et à les remplacer par des plantes de pensées positives et réalistes.

5. **Résolution de problèmes** : C'est comme tracer un chemin à travers votre jardin. Vous apprenez à naviguer à travers les défis de la vie d'une manière structurée et efficace.

En pratiquant régulièrement ces techniques, vous pouvez apprendre à gérer votre anxiété et à cultiver un esprit plus paisible et florissant.

<u>**Voici quelques exemples de techniques utilisées en TCC pour l'anxiété:**</u>

Exemple : Julie souffre d'anxiété de l'attachement anxieux. Elle est constamment envahie par la peur d'être abandonnée par son partenaire, Thomas. Cette peur la rend très possessive et jalouse, et elle a du mal à faire confiance à Thomas.

<u>**La thérapie TCC:**</u>

➤ **Restructuration cognitive:** Julie apprend à identifier ses pensées négatives automatiques *("Thomas va me quitter", "Je ne suis pas assez bien pour lui")*. Elle les remplace par des pensées plus rationnelles *("Thomas m'aime et il est engagé dans notre relation", "Je suis digne d'amour et de respect")*.

➤ **Thérapie d'exposition:** Julie s'expose progressivement à des situations qui déclenchent son anxiété, comme laisser Thomas seul pendant quelques heures ou lui faire confiance pour prendre une décision importante.

➤ **Entraînement aux compétences d'adaptation:** Julie apprend des techniques de relaxation, comme la respiration profonde et la visualisation, pour gérer son anxiété dans les situations difficiles.

➤ **Communication assertive:** Julie apprend à communiquer ses besoins et ses sentiments à Thomas de manière claire et directe, sans être accusatrice ou agressive.

Résultat: Après plusieurs séances de TCC, Julie est capable de gérer son anxiété de l'attachement anxieux. Elle a développé une confiance en soi plus forte et une meilleure communication avec Thomas. Elle est plus à même de profiter d'une relation saine et équilibrée.

Remarques:

➤ La TCC est une thérapie efficace pour l'anxiété de l'attachement anxieux, mais elle n'est pas une solution miracle. Il faut du temps et des efforts pour obtenir des résultats.

➤ La TCC est généralement une thérapie brève, qui dure entre 10 et 20 séances.

> La TCC peut être pratiquée en individuel ou en groupe.

Conclusion :L'anxiété de l'attachement insécure est une condition qui peut être difficile à vivre, mais elle peut être traitée efficacement avec la TCC. Si vous souffrez d'anxiété de l'attachement anxieux, n'hésitez pas à demander de l'aide à un professionnel de la santé mentale.

Thérapie d'exposition :

La thérapie d'exposition est un type de thérapie comportementale qui implique l'exposition progressive d'une personne à des situations ou à des objets qui provoquent la peur ou l'anxiété. L'idée est de désensibiliser l'individu à ces stimuli en réduisant progressivement la réponse émotionnelle négative associée. Cette thérapie peut être utilisée pour traiter une variété de troubles liés à la peur et à l'anxiété, tels que les phobies, le trouble panique, le trouble d'anxiété sociale, le trouble de stress post-traumatique (TSPT), le trouble obsessionnel-compulsif (TOC), et le trouble anxieux généralisé.

Des études ont montré que la thérapie d'exposition peut être très efficace, avec environ 60 à 90% des patients ne présentant aucun symptôme ou des symptômes très légers de leur trouble d'origine à la fin du traitement.

Comment fonctionne la thérapie d'exposition ?

En thérapie d'exposition, un thérapeute guide la personne à travers des séances où elle est confrontée à ses peurs, soit par l'imagination, soit par des scénarios réels. Avec le temps, cette exposition contrôlée peut aider à réduire les sentiments d'anxiété et de détresse.

<u>Étapes de la thérapie d'exposition :</u>

Exemple précédente de Julie : qui souffre d'anxiété de l'attachement anxieux. Elle est constamment envahie par la peur d'être abandonnée par son partenaire, Thomas. Cette peur la rend très possessive et jalouse, et elle a du mal à faire confiance à Thomas.

Thérapie d'exposition:

- **Exposition graduelle:** Julie commence par s'exposer à des situations qui déclenchent son anxiété de manière légère, comme laisser Thomas seul pendant quelques minutes. Elle progresse ensuite vers des situations plus difficiles, comme le laisser aller au cinéma avec ses amis sans elle ou lui faire confiance pour prendre une décision importante sans la consulter.

- **Désensibilisation systématique:** Julie apprend des techniques de relaxation, comme la respiration profonde et la visualisation, pour gérer son anxiété pendant les situations d'exposition.

- **Inondation:** Dans certains cas, Julie peut être exposée à une situation redoutée pendant une période prolongée, comme passer une journée entière sans avoir de contact avec Thomas.

Résultat: Après plusieurs séances de thérapie d'exposition, Julie est capable de gérer son anxiété de l'attachement anxieux. Elle est plus à même de faire confiance à Thomas et de lui laisser de l'espace sans ressentir de peur excessive. Elle est également plus capable de gérer ses émotions et de se calmer lorsqu'elle est confrontée à une situation qui déclenche son anxiété.

Thérapie PNL (Programmation Neuro-Linguistique):

La Programmation Neuro-Linguistique, souvent abrégée en PNL, est une approche de développement personnel et d'accompagnement au changement. Elle se concentre sur nos réactions et comportements pour nous aider à atteindre nos objectifs personnels et professionnels. Voici quelques techniques clés utilisées en PNL pour gérer l'anxiété :

Technique 1 : Le recadrage :

C'est comme changer le cadre d'une peinture pour en modifier la perception. En PNL, on change la façon de voir un problème pour le transformer en opportunité.

Fiche Pratique : Recadrage de l'Attachement Anxieux en PNL

Objectif : Transformer la perception de l'attachement anxieux pour le voir comme une opportunité de croissance personnelle.

- ➢ **Étape 1 - Identification de l'attachement anxieux :** Reconnaître les comportements et pensées associés à l'attachement anxieux. Par exemple, Sentiment constant d'inquiétude concernant la stabilité des relations personnelles.
- ➢ **Exemple pour Julie :** elle ressent une forte anxiété lorsqu'elle est séparée de son partenaire pendant de courtes périodes, comme une soirée entre amis. Elle ressent un besoin constant de contact et de validation pour se sentir en sécurité.

➤ **Étape 2 - Comprendre les impacts** : Analyser comment l'attachement anxieux affecte votre vie quotidienne, Par exemple, Difficulté à maintenir des relations saines due à la peur de l'abandon. ➤ **Exemple pour Julie** : elle pense que si son partenaire ne répond pas immédiatement à ses messages, c'est parce qu'il ne se soucie pas vraiment d'elle. Cette pensée déclenche chez elle des émotions d'angoisse et de peur d'être abandonnée.
➤ **Étape 3 - Recherche de nouveaux cadres** : Chercher des façons positives de voir l'attachement anxieux. Par exemple, Voir l'attachement anxieux comme un signal pour développer une plus grande indépendance émotionnelle. ➤ **Exemple pour Julie** : elle a développé le schéma de pensée selon lequel elle doit constamment être en contact avec son partenaire pour se sentir aimée et en sécurité. Ce schéma crée une dépendance émotionnelle et alimente son anxiété.
➤ **Étape 4 - Application du Recadrage** : Appliquer le nouveau cadre pour modifier la perception du problème. Par exemple, Interpréter l'anxiété non comme une faiblesse, mais comme une motivation pour renforcer la confiance en soi. ➤ **Exemple pour Julie** : En utilisant la PNL, Julie peut recadrer sa pensée en se disant que le temps passé seule peut être une opportunité de se connecter avec elle-même, de pratiquer des activités qu'elle aime et de renforcer son autonomie émotionnelle.
➤ **Étape 5 - Intégration et Pratique** : Intégrer le nouveau cadre dans votre vie et pratiquer activement ce changement de perspective. Par exemple, S'engager dans des activités qui renforcent l'autonomie et la confiance en soi. ➤ **Exemple pour Julie** : elle s'entraîne à répéter des affirmations positives telles que *"Je suis capable de me sentir bien seule"* et *"Mon partenaire m'aime même s'il n'est pas constamment disponible"*. Elle pratique également des techniques de relaxation pour gérer son anxiété.
➤ **Étape 6 - Évaluation et Ajustement** : Évaluer l'efficacité du recadrage et ajuster si nécessaire. Par exemple, Réfléchir sur les progrès réalisés et continuer à ajuster la perspective pour favoriser la croissance personnelle. **Conseil** : Le recadrage est un processus dynamique. Soyez patient avec vous-même et reconnaissez que le changement de perspective est un voyage continu.

Cette fiche pratique vous aide à transformer la perception de l'attachement anxieux en utilisant la technique de recadrage de la PNL, en vue d'une évolution personnelle positive et d'un bien-être accru.

Technique 2 : l'Ancrage :

Semblable à avoir un lieu sûr où se réfugier, l'ancrage en PNL consiste à créer un stimulus qui déclenche une réaction émotionnelle positive, comme la confiance ou le calme.

Fiche Pratique : Ancrage pour Gérer l'Attachement Anxieux

Étape 1 - Choix de l'Ancre : Sélectionnez un stimulus physique qui sera votre ancre (par exemple, une pression sur la paume de la main). Par exemple, Choisir de serrer le poing doucement comme ancre.

Exemple pour Julie : elle choisit de frotter doucement son pouce et son index ensemble pour créer son ancre.

Étape 2 - Identification de l'Émotion Positive : Pensez à une émotion positive que vous souhaitez ressentir (comme la confiance ou le calme). Par exemple, Se remémorer un moment où vous vous sentiez complètement en sécurité et aimé.

Exemple pour Julie : elle choisit de se rappeler un moment où elle se sentait confiante et en sécurité.

Étape 3 - Association de l'Ancre : Au moment où vous ressentez fortement l'émotion positive, activez votre ancre. Par exemple, Serrer le poing doucement tout en se replongeant dans ce souvenir de sécurité et d'amour.

Exemple pour Julie : Alors qu'elle se remémore le sentiment de confiance, elle frotte doucement son pouce et son index ensemble pour associer l'émotion à son ancre.

Étape 4 - Renforcement de l'Ancre : Par exemple, Répétez le processus d'association plusieurs fois pour renforcer l'ancre.

Exemple pour Julie : elle pratique plusieurs fois l'association entre son ancre et l'émotion de confiance pour renforcer l'efficacité de l'ancre.

Étape 5 - Utilisation de l'Ancre : Utilisez votre ancre dans des situations où vous ressentez de l'attachement anxieux. Par exemple, Lorsque vous commencez à vous sentir anxieux dans une relation, activez l'ancre pour évoquer la sensation de calme.

Exemple pour Julie : Lorsqu'elle se sent anxieuse à cause de la séparation, elle utilise son ancre en frottant doucement son pouce et son index pour retrouver le sentiment de confiance.

Étape 6 - Évaluation et Ajustement : Évaluez l'efficacité de votre ancre et ajustez si nécessaire. Par exemple, Si l'ancre ne semble pas fonctionner, essayez un autre stimulus ou une autre émotion positive.

Exemple pour Julie : Elle évalue régulièrement l'efficacité de son ancre en notant si elle parvient à retrouver un sentiment de calme et de sécurité. Si nécessaire, elle ajuste sa pratique pour améliorer l'efficacité de l'ancre.

Conseil : L'ancrage est une compétence qui se développe avec la pratique. Soyez patient et persévérant, et n'hésitez pas à ajuster votre technique pour qu'elle vous convienne le mieux.

Cette fiche pratique vous guide à travers le processus d'ancrage en PNL, vous aidant à créer un outil personnel pour gérer l'attachement anxieux et favoriser un sentiment de calme et de confiance en soi.

Technique 3 : La dissociation

Imaginez que vous pouvez vous observer de l'extérieur, comme un spectateur. Cette technique aide à prendre du recul par rapport à une situation stressante et à la voir sous un autre angle. Voici une fiche pratique en étapes :

Fiche Pratique : Dissociation pour l'Attachement Anxieux

Objectif : Prendre du recul par rapport à l'attachement anxieux en se visualisant de l'extérieur.

> **Étape 1 - Reconnaissance de l'attachement anxieux :** Identifiez les moments où vous ressentez de l'attachement anxieux. Par exemple, Vous vous sentez anxieux lorsque votre partenaire ne répond pas immédiatement à vos messages.

Exemple pour Julie : Elle reconnaît qu'elle ressent de l'attachement anxieux lorsque son partenaire ne répond pas immédiatement à ses messages.

> **Étape 2 - Préparation à la dissociation :** Trouvez un endroit calme où vous pouvez vous détendre sans être dérangé. Par exemple, Asseyez-vous confortablement dans votre pièce préférée, loin des distractions.

Exemple pour Julie : Elle se rend dans sa chambre pour pratiquer la dissociation.

> **Étape 3 - Visualisation dissociative :** Imaginez-vous en train de vous observer de l'extérieur, comme si vous étiez un spectateur de votre propre vie. Par exemple,

Visualisez-vous assis, en train de vérifier votre téléphone, et ressentez l'anxiété monter.

Exemple pour Julie : Elle visualise une version d'elle-même assise calmement et observant la situation de l'extérieur. Comme s'elle regarde le film de sa vie dans une télé.

> **Étape 4 - Analyse objective :** tant que spectateur, examinez la situation sans jugement émotionnel. Par exemple, Remarquez comment l'anxiété affecte votre comportement et votre langage corporel.

Exemple pour Julie : elle observe de manière objective que son partenaire peut avoir des raisons légitimes de ne pas répondre immédiatement.

> **Étape 5 - Recherche de nouvelles perspectives :** Cherchez des interprétations alternatives à la situation qui provoque l'anxiété. Par exemple, Peut-être que votre partenaire est simplement occupé et qu'il répondra dès qu'il le pourra.

Exemple pour Julie : Elle considère que son partenaire pourrait être occupé ou simplement avoir besoin de temps pour lui-même, ce qui ne remet pas en cause ses sentiments envers elle.

> **Étape 6 - Réintégration Positive :** Revenez à votre état normal en intégrant les nouvelles perspectives trouvées. Par exemple, Rassurez-vous avec l'idée que l'absence de réponse n'est pas un signe de rejet.

Exemple pour Julie : Elle revient à son état normal avec une compréhension plus nuancée de la situation, ce qui réduit son niveau d'anxiété.

> **Étape 7 - Pratique et Répétition :** Pratiquez régulièrement cette technique pour mieux gérer l'attachement anxieux. Par exemple, Utilisez la dissociation chaque fois que vous vous sentez anxieux dans des situations similaires.

Exemple pour Julie : Elle pratique la dissociation chaque fois qu'elle se sent anxieuse, ce qui lui permet de mieux gérer ses émotions au fil du temps.

Conseil : La dissociation est une compétence qui s'améliore avec la pratique. Soyez patient et persévérant, et n'hésitez pas à ajuster votre technique pour qu'elle vous convienne le mieux.

Cette fiche pratique vous guide à travers le processus de dissociation en PNL, vous aidant à créer une distance émotionnelle avec l'attachement anxieux et à adopter une perspective plus objective et apaisante.

La technique 4 : La visualisation positive :

C'est comme peindre une image mentale de succès. En PNL, on pratique la visualisation pour renforcer la confiance en soi et réduire l'anxiété. Voici une fiche pratique en étapes pour utiliser la technique de visualisation positive en PNL, appliquée à l'attachement anxieux :

Fiche Pratique : Visualisation Positive pour l'Attachement Anxieux

Objectif : Utiliser la visualisation pour créer une image mentale de succès et renforcer la confiance en soi.

> **Étape 1 - Préparation à la visualisation :** Trouvez un endroit calme et détendez-vous. Par exemple, Asseyez-vous confortablement et fermez les yeux, en vous assurant de ne pas être dérangé.

Exemple pour Julie : elle s'installe dans sa chambre, respire profondément et se détend pour commencer la visualisation.

> **Étape 2 - Définition de l'image de succès :** Déterminez une situation où vous vous sentez confiant et en sécurité. Par exemple, Imaginez-vous en train de passer du temps avec des amis qui vous soutiennent et vous valorisent.

Exemple pour Julie : elle imagine un moment où elle était seule mais se sentait parfaitement à l'aise et confiante dans sa propre compagnie.

> **Étape 3 - Immersion dans la Visualisation :** Plongez-vous dans cette image, en utilisant tous vos sens. Par exemple, Ressentez la chaleur de l'amitié, écoutez les rires, voyez les sourires, sentez l'odeur agréable de l'environnement.

Exemple pour Julie : elle visualise le lieu de cette expérience passée, imagine les sons, les odeurs et les sensations physiques qui l'accompagnaient.

> **Étape 4 - Association Émotionnelle :** Associez des émotions positives à cette image. Par exemple, Ressentez la joie, la confiance et la tranquillité qui découlent de cette situation.

Exemple pour Julie : elle ressent la paix, la confiance et la liberté émotionnelle dans sa visualisation.

> **Étape 5 - Ancrage de l'Image :** Créez un lien fort entre cette image et votre état émotionnel. Par exemple, Touchez votre épaule ou serrez votre main à chaque fois que vous ressentez ces émotions positives.

Exemple pour Julie : elle imagine qu'à chaque fois qu'elle frotte doucement son pouce et son index ensemble, elle peut instantanément retrouver les émotions positives de sa visualisation.

> **Étape 6 - Répétition et renforcement :** Répétez cette visualisation régulièrement pour renforcer l'ancrage. Par exemple, Pratiquez cet exercice chaque jour pendant quelques minutes.

Exemple pour Julie : Elle pratique sa visualisation positive et l'ancrage plusieurs fois par semaine pour que cela devienne naturel pour elle.

> **Étape 7 : Application dans la réalité :** Utilisez l'ancrage dans des situations réelles pour évoquer les émotions positives. Par exemple, Lorsque vous commencez à vous sentir anxieux, touchez votre épaule pour rappeler les sensations de la visualisation.

Exemple pour Julie : Lorsqu'elle se sent anxieuse à cause de l'attachement, Julie utilise son ancre pour se reconnecter aux émotions positives de sa visualisation et se sentir plus confiante.

Conseil : La visualisation positive est un outil puissant qui nécessite de la pratique. Soyez patient et persévérant, et n'hésitez pas à ajuster votre visualisation pour qu'elle soit la plus significative et réconfortante pour vous[1].

Cette fiche pratique vous guide à travers le processus de visualisation positive en PNL, vous aidant à créer une image mentale de succès pour renforcer la confiance en soi et réduire l'anxiété liée à l'attachement.

La technique 5 : La CNV

Voici une fiche pratique en étapes pour aider Julie à utiliser les techniques de Communication Non Violente (CNV) pour exprimer ses besoins et sentiments de manière claire et assertive, dans le contexte de l'attachement anxieux :

Fiche Pratique : Modélisation pour l'Attachement Anxieux

Objectif : Améliorer la communication entre Julie et Thomas en exprimant clairement les besoins et sentiments liés à l'attachement anxieux.

> **Étape 1 - Observation :** Commencez par observer sans jugement la situation qui provoque l'anxiété.

Exemple pour Julie : elle note que son anxiété monte quand Thomas ne répond pas rapidement à ses messages.

> **Étape 2 – Sentiments :** Identifiez et exprimez les sentiments que cette situation éveille en vous.

Exemple pour Julie : Julie dit à Thomas : "Quand je n'ai pas de nouvelles de toi, je me sens anxieuse et inquiète."

> **Étape 3 - Besoins :** Reliez vos sentiments à des besoins universels non satisfaits.

Exemple pour Julie : Elle explique : "Ce sentiment d'anxiété vient d'un besoin de sécurité et de connexion avec toi."

> **Étape 4 – Demande :** Formulez une demande claire et réalisable sans exiger.

Exemple pour Julie : Julie demande à Thomas : "Pourrais-tu m'envoyer un message pour me rassurer quand tu es occupé ?"

> **Étape 5 - Écoute Active :** Écoutez la réponse de l'autre avec la même attention et ouverture.

Exemple pour Julie : elle écoute attentivement les raisons de Thomas et ses propres besoins.

> **Étape 6 - Dialogue Constructif :** Engagez un dialogue pour trouver des solutions qui répondent aux besoins des deux parties.

Exemple pour Julie : Julie et Thomas conviennent d'un signal qui indique que Thomas est indisponible mais qu'il pense à elle.

Conseil : La pratique régulière de la CNV peut aider à réduire l'anxiété de l'attachement en favorisant une communication claire et empathique.

Cette fiche pratique guide Julie à travers les étapes de la CNV pour gérer l'attachement anxieux et communiquer de manière efficace et bienveillante avec Thomas.

La technique 5 : La Modélisation

La modélisation en PNL est comme créer une carte routière en observant les itinéraires des autres voyageurs qui ont déjà atteint la destination que vous souhaitez rejoindre.

C'est apprendre par l'exemple, en adoptant des comportements et des stratégies qui ont été efficaces pour d'autres, afin de surmonter vos propres défis, comme l'attachement anxieux.

Fiche Pratique : Modélisation pour l'Attachement Anxieux

Objectif : Apprendre des stratégies efficaces de personnes ayant surmonté l'anxiété de l'attachement.

- ➤ **Étape 1 - Sélection des Modèles :** Choisissez des individus qui ont réussi à surmonter l'anxiété de l'attachement.

Exemple pour Julie : Julie sélectionne trois personnes dans son entourage qui manifestent une sécurité affective remarquable.

- ➤ **Étape 2 : Observation Attentive :** Observez les comportements, les croyances, les valeurs et les stratégies de ces personnes.

Exemple pour Julie : Julie note comment ses modèles réagissent sereinement aux situations qui provoqueraient chez elle de l'anxiété.

- ➤ **Étape 3 : Identification des Comportements Clés :** Détectez les actions spécifiques et les schémas de pensée qui contribuent à leur stabilité émotionnelle.

Exemple pour Julie : Elle remarque que ses modèles maintiennent des activités personnelles épanouissantes indépendamment de leurs relations.

- ➤ **Étape 4 : Mimétisme Comportemental :** Essayez de reproduire les comportements et attitudes observés.

Exemple pour Julie : Julie s'engage dans de nouvelles activités pour développer son autonomie.

- ➤ **Étape 5 : Intégration des Stratégies :** Intégrez les stratégies observées dans votre propre vie.

Exemple pour Julie : Elle adopte une routine de méditation quotidienne, comme l'un de ses modèles.

- ➤ **Étape 6 : Évaluation et Ajustement :** Évaluez l'efficacité de ces nouvelles stratégies et ajustez-les selon vos besoins.

Exemple pour Julie : Julie ajuste sa routine de méditation pour mieux s'adapter à son emploi du temps.

> ➢ **Étape 7 : Enseignement et Partage** : Partagez vos apprentissages avec d'autres pour renforcer votre compréhension et aider autrui.
>
> **Exemple pour Julie** : Elle crée un groupe de soutien pour partager ses découvertes et stratégies.
>
> **Conseil** : La modélisation est un processus d'apprentissage actif. Soyez patient et ouvert à l'expérimentation, et n'hésitez pas à chercher de l'aide professionnelle si nécessaire.
>
> Cette fiche pratique vous guide à travers le processus de modélisation en PNL, vous aidant à apprendre et à adopter des stratégies efficaces pour gérer l'attachement anxieux et renforcer votre confiance en soi.

Ces techniques sont conçues pour aider les individus à reprogrammer leurs schémas de pensée et à améliorer leur communication avec eux-mêmes et avec les autres.

Résultat: Après plusieurs séances de thérapie PNL, Julie est capable de gérer son anxiété de l'attachement anxieux. Elle est plus à même de faire confiance à Thomas et de lui laisser de l'espace sans ressentir de peur excessive. Elle est également plus capable de gérer ses émotions et de se calmer lorsqu'elle est confrontée à une situation qui déclenche son anxiété.

Remarques: La thérapie PNL est une thérapie brève et efficace pour l'anxiété de l'attachement anxieux. Elle peut être pratiquée en individuel ou en groupe. Il est important de trouver un thérapeute PNL certifié et expérimenté.

Renforcer l'estime de soi.

L'estime de soi est une pierre angulaire du bien-être émotionnel. Elle consiste à reconnaître et à accueillir ses forces et ses faiblesses, ses qualités et ses défauts, sans jugement ni comparaison. C'est un voyage personnel qui se construit au fil du temps et qui demande de la patience et de la bienveillance envers soi-même.

"Je ne suis pas ce qui m'est arrivé, je suis ce que je choisis de devenir."   - Carl Jung

S'accepter tel que l'on est.

Dans le théâtre de la vie, où chaque acte est un miroir de nos émotions, l'acceptation de soi est le rôle principal que beaucoup peinent à interpréter. La scène est familière : un individu, face à son reflet, dialogue avec ses multiples facettes, celles qu'il chérit et celles qu'il répudie. *"Pourquoi me fuis-tu ?" demande-t-il à son image, une ombre de doute voilant son regard. "Pourquoi te caches-tu derrière des masques, des sourires forcés et des acquiescements muets?"*

La non-acceptation de soi est une pièce tragique jouée en boucle, où le protagoniste se débat contre des chaînes invisibles, forgées par le jugement, le rejet, et une quête éperdue de perfection. C'est l'histoire de l'homme qui, après un divorce, se voit comme un échec incarné, incapable de discerner l'erreur de l'échec. C'est le récit de celui qui, dans le silence de son bureau, laisse l'autosabotage murmurer à son oreille des refrains de médiocrité. *"Ne suis-je donc qu'une somme d'échecs ?" s'interroge-t-il, tandis que la pièce se remplit des échos de sa propre intransigeance. "Ne suis-je que l'erreur que je viens de commettre ?"*

La réponse, bien sûr, est non. Mais combien parmi nous parviennent à entendre cette vérité, à l'embrasser avec la tendresse d'un parent pour son enfant ? Combien se perdent dans les méandres de l'auto-critique, oubliant que l'acceptation de soi est le premier pas vers la liberté ? *"Tu es plus que tes erreurs, plus que tes peurs," murmure une voix, celle de la sagesse, souvent étouffée par le tumulte de nos doutes. "Tu es un être en constante évolution, un univers de possibilités."*

Et pourtant, la non-acceptation persiste, telle une maladie sournoise, rongeant les fondations de notre estime. Elle nous pousse à nous comparer sans cesse, à nous lamenter sur notre passé, à trouver des excuses plutôt que des solutions[5]. Elle est le poison de l'âme, celui qui transforme la vie en un champ de bataille où l'on est à la fois le soldat et l'ennemi. *"Pourquoi ai-je dit cela ? Pourquoi ai-je agi ainsi ?" Les questions se succèdent, mais les réponses se dérobent, car la clé n'est pas dans le questionnement, mais dans l'acceptation.*

Une citation forte résonne alors, un phare dans la nuit de l'incertitude : *"C'est seulement lorsque je m'accepte tel que je suis, que je peux vraiment changer,"* disait Carl Rogers. C'est le paradoxe de l'acceptation de soi, la philosophie qui nous enseigne que pour avancer, il faut d'abord s'arrêter, regarder en soi, et embrasser chaque parcelle de notre être. Alors, cher lecteur, je vous invite à vous joindre à cette réflexion profonde, à plonger dans les eaux parfois troubles de l'auto-compassion. Car s'accepter tel que l'on est, c'est ouvrir la porte à un monde où l'explosion des émotions n'est plus une menace, mais le début d'une danse libératrice avec soi-même.

Cultiver la compassion envers soi.

La compassion envers soi est une pratique essentielle pour développer une relation positive avec soi-même. Elle consiste à se traiter avec bienveillance et compréhension, en reconnaissant ses souffrances et ses besoins.

Exemples concrets pour cultiver la compassion envers soi :

1. Se parler avec bienveillance :

- Remplacer les critiques intérieures par des paroles encourageantes.
- Se féliciter de ses réussites, même les plus petites.
- Se pardonner ses erreurs et apprendre d'elles.

Exemple : Au lieu de vous dire "Je suis nul(le)", essayez "J'ai fait de mon mieux avec les ressources que j'avais à ce moment-là."

2. Prendre soin de soi :

- Accorder du temps à des activités que vous aimez et qui vous font du bien.
- Manger sainement, dormir suffisamment et faire de l'exercice régulièrement.
- Respecter ses limites et ses besoins.

Exemple : Prévoyez du temps chaque jour pour une activité relaxante comme la lecture, la méditation ou un bain chaud.

3. Accepter ses émotions

- Accueillir ses émotions difficiles sans les juger.

- ➢ Reconnaître que les émotions sont des messages importants de votre corps et de votre esprit.
- ➢ Exprimer ses émotions de manière saine.

Exemple : Si vous vous sentez triste, pleurez ou parlez à quelqu'un de confiance de ce que vous ressentez.

4. Se soutenir dans les moments difficiles

- ➢ Se rappeler que vous n'êtes pas seul(e) et que tout le monde traverse des épreuves.
- ➢ Se donner des encouragements et de la motivation.
- ➢ Demander de l'aide si nécessaire.

Exemple : Si vous vivez une période difficile, parlez à un ami, un membre de votre famille ou un professionnel de santé mentale.

5. Se visualiser heureux(se) et en bonne santé

- ➢ Imaginez-vous dans une situation où vous vous sentez bien et en paix.
- ➢ Ressentez les émotions positives associées à cette situation.
- ➢ Répétez des affirmations positives sur vous-même.

Exemple : Imaginez-vous en train de rire avec vos amis ou de profiter d'une promenade dans la nature.

Identifier et challenger ses pensées négatives.

Nos pensées ont un impact important sur nos émotions et notre comportement. Apprendre à identifier et à challenger nos pensées négatives est une étape essentielle pour améliorer notre bien-être mental et émotionnel.

Voici quelques conseils pour identifier vos pensées négatives:

- ➢ **Faites attention à votre humeur:** Quand vous vous sentez triste, anxieux, en colère ou frustré, demandez-vous quelles pensées vous traversent l'esprit.
- ➢ **Notez vos pensées:** Tenez un journal de pensées et notez les pensées négatives qui vous viennent à l'esprit.
- ➢ **Remarquez les distorsions cognitives:** Les distorsions cognitives sont des erreurs de pensée qui peuvent rendre nos pensées négatives plus intenses et irrationnelles.

Voici quelques exemples de distorsions cognitives:

- ➢ **Catastrophisme:** Anticiper le pire des scénarios possibles.
- ➢ **Filtres mentaux:** Ne se focaliser que sur les aspects négatifs d'une situation.
- ➢ **Lecture dans les pensées:** Penser que l'on sait ce que les autres pensent sans preuve.
- ➢ **Étiquetage:** Se définir par ses erreurs ou ses échecs.
- ➢ **Généralisations hâtives:** Tirer des conclusions générales à partir d'un seul événement.

Une fois que vous avez identifié vos pensées négatives, vous pouvez commencer à les challenger:

- ➢ **Demandez-vous si vos pensées sont fondées sur des preuves:** Y a-t-il des preuves concrètes qui soutiennent vos pensées ?
- ➢ **Considérez des alternatives:** Y a-t-il d'autres façons de voir la situation ?
- ➢ **Réfléchissez aux conséquences de vos pensées:** Comment vos pensées vous font-elles sentir ? Comment influencent-elles votre comportement ?
- ➢ **Remplacez vos pensées négatives par des pensées plus rationnelles et positives:** Reformulez vos pensées de manière plus réaliste et constructive.

Voici quelques exemples de reformulation de pensées négatives:

- ➢ **Négative:** "Je suis nul(le)."
- ➢ **Positive:** "J'ai fait de mon mieux avec les ressources que j'avais à ce moment-là."
- ➢ **Négative:** "Je vais toujours être seul(e)."
- ➢ **Positive:** "Il y a des gens qui m'apprécient et je peux trouver de nouvelles relations."
- ➢ **Négative:** "Je suis un(e) échec."
- ➢ **Positive:** "J'ai appris de mes erreurs et je peux réussir à l'avenir."

Challenger ses pensées négatives demande du temps et de la pratique. Soyez patient envers vous-même et ne vous découragez pas si vous avez des rechutes.

Exemple concret : Léa, 28 ans, est en couple avec Théo depuis 5 ans. Ils s'aiment beaucoup, mais Léa est souvent angoissée à l'idée que Théo puisse la quitter. Elle a peur de ne pas être assez bien pour lui et de le perdre.

Situation : Léa et Théo doivent se séparer pendant deux semaines pour le travail de Théo. elle est très anxieuse à l'idée de cette séparation. Elle a peur que Théo la trompe ou qu'il rencontre quelqu'un d'autre pendant son absence.

Pensées négatives:

- ➢ "Je ne suis pas assez bien pour lui."

- ➢ "Il va me quitter pendant qu'on est séparés."
- ➢ "Il va rencontrer quelqu'un d'autre et il va m'oublier."

Émotions: Anxiété, Tristesse, Jalousie et Peur

Comportements:

- ➢ Léa appelle Théo plusieurs fois par jour pour prendre de ses nouvelles.
- ➢ Elle lui envoie des textos incessants pour lui dire qu'elle l'aime et qu'elle lui manque.
- ➢ Elle devient irritable et susceptible lorsqu'elle parle à Théo au téléphone.

Analyse étape par étape:

1) **Déclencheur:** La séparation de Théo est le déclencheur de l'anxiété de Léa.
2) **Pensées négatives:** Léa a des pensées négatives sur elle-même et sur sa relation avec Théo.
3) **Émotions:** Ces pensées négatives génèrent des émotions négatives comme l'anxiété, la tristesse, la jalousie et la peur.
4) **Comportements:** Ces émotions négatives conduisent Léa à adopter des comportements inadaptés comme appeler Théo trop souvent et lui envoyer des textos incessants.
5) **Conséquences:** Ces comportements ont des conséquences négatives sur la relation de Léa et Théo. Ils peuvent créer des tensions et des disputes.
6) **Cercle vicieux:** L'anxiété de Léa la conduit à adopter des comportements qui renforcent son anxiété. C'est un cercle vicieux qu'il est important de briser.

Comment briser le cercle vicieux:

- ➢ **Identifier les pensées négatives:** Léa doit apprendre à identifier ses pensées négatives et à les challenger.
- ➢ **Gérer les émotions:** elle doit apprendre à gérer ses émotions négatives de manière saine.
- ➢ **Adopter des comportements adaptés:** elle doit apprendre à adopter des comportements adaptés à la situation.
- ➢ **Communiquer avec Théo:** elle doit parler de ses angoisses à Théo et lui expliquer ses besoins.

En conclusion, l'attachement anxieux est un problème qui peut être surmonté. En prenant conscience de ses pensées négatives, en gérant ses émotions et en adoptant des comportements adaptés, il est possible de briser le cercle vicieux de l'anxiété et de vivre une relation saine et épanouissante.

Étape 3 - Transformer ses schémas relationnels

Objectif de cette étape: Identifier et modifier les schémas relationnels dysfonctionnels pour créer des dynamiques plus saines dans les relations.

Identifier ses schémas dysfonctionnels.

Identifier ses schémas dysfonctionnels est une étape clé dans la compréhension de soi et le développement personnel. Ces schémas sont des règles psychologiques apprises qui influencent la perception que l'on a de soi, des autres et du monde. Ils peuvent être la source de comportements répétitifs et de réactions émotionnelles qui entravent notre bien-être et nos relations.

Schéma de l'abandon, de la méfiance.

Dans les méandres de l'existence, où chaque souffle est un fil tenu entre la confiance et la méfiance, il y a des âmes qui naviguent avec une peur sourde et constante : la peur de l'abandon. C'est une ombre qui s'étend sur chaque relation, un spectre qui murmure des mots de trahison et de rejet, même dans les échos du silence le plus profond. *"Pourquoi me laisserais-tu ?"* demande-t-elle, la voix tremblante, à l'ombre qui partage son lit, mais qui ne partage pas ses peurs. *"Pourquoi resterais-tu, quand tous les autres ont trouvé la porte de sortie de mon cœur comme on trouve une issue de secours dans un bâtiment en flammes ?"* La méfiance, elle, est une forteresse aux murs épais, construite brique par brique avec les déceptions et les trahisons du passé. C'est une citadelle impénétrable où le cœur se réfugie, scrutant l'horizon pour le moindre signe de danger, pour la moindre silhouette qui pourrait être celle d'un nouvel abandon. *"Ne me trahiras-tu pas ?"* interroge-t-elle, scrutant les yeux de celui qui lui promet monts et merveilles. *"Ne suis-je pas qu'une escale sur ta route, un chapitre que tu tournes sans hésitation quand l'histoire devient trop réelle ?"*

La philosophie nous enseigne que l'abandon et la méfiance sont les enfants illégitimes de l'expérience et de la peur. Ils sont le résultat d'une vie où chaque pas est un risque, chaque mot un engagement, chaque silence un abîme. Ils sont le fruit d'un monde où l'on apprend que rien n'est permanent, que tout est éphémère, et que l'amour, surtout, est un papillon qui se pose rarement sans repartir. *"Pourquoi crains-je tant l'abandon ?"* se demande-t-elle, perdue dans un labyrinthe de pensées qui ne mènent nulle part. *"Pourquoi la méfiance est-elle mon ombre, mon double, mon plus fidèle compagnon ?"*

La réponse, peut-être, se trouve dans une citation qui résonne avec la force d'une vérité universelle : "L'abandon, c'est quand on se sent seul même entouré de monde." – C'est la réalité de ceux qui portent en eux le schéma de l'abandon et de la méfiance : un sentiment d'isolement même au cœur de la foule, une solitude qui ne quitte jamais, même quand les bras se referment autour d'eux.

Alors, elle écrit, non pas pour trouver des réponses, mais pour poser les questions qui brûlent les lèvres de ceux qui, comme elle, connaissent la danse macabre de l'abandon et de la méfiance. Elle écrit pour ceux qui se demandent, jour après jour, pourquoi la vie leur joue ces tours, pourquoi les mots qu'ils prononcent ne sont jamais ceux qu'ils avaient prévu de dire, pourquoi le bonheur semble toujours juste hors de portée.

Elle écrit, et peut-être, quelque part, quelqu'un lit et se dit : "Je ne suis pas seul."

Schéma de la dépendance affective.

La dépendance affective, souvent associée à l'attachement anxieux, se caractérise par un besoin excessif d'attention et de validation de la part des autres. Voici un schéma général pour comprendre la dépendance affective dans le contexte de l'attachement anxieux :

1) **Besoin primaire de sécurité et d'approvisionnement émotionnel:** À l'origine de la dépendance affective se trouve un besoin fondamental de sécurité émotionnelle, souvent lié à des expériences précoces de soins insuffisants ou inconsistants.

2) **Peur de l'Abandon :** Les personnes avec un attachement anxieux peuvent avoir une peur intense d'être abandonnées ou rejetées par leurs proches, ce qui les amène à chercher constamment la proximité et l'approbation.

3) **Développement de Comportements de Recherche de Réassurance :** Pour apaiser leur anxiété, les individus avec un attachement anxieux peuvent développer des comportements de recherche de réassurance, comme demander constamment des affirmations ou des preuves d'amour.

4) **Difficulté à Établir des Limites :** La dépendance affective peut entraîner une difficulté à établir et maintenir des limites saines dans les relations, car la personne craint souvent que l'éloignement ou la confrontation conduise à l'abandon.

5) **Auto-Validation Excessive** : Pour compenser le manque perçu d'amour et de soutien, la personne peut devenir excessivement dépendante de la validation externe, cherchant constamment à être rassurée et approuvée par les autres.

6) **Cycle de Satisfaction et d'Insatisfaction** : Ce schéma de dépendance affective crée un cycle où la personne peut se sentir temporairement satisfaite lorsqu'elle reçoit l'attention ou l'affection qu'elle recherche, mais cette satisfaction est souvent de courte durée, conduisant à une insatisfaction continue.

7) **Impact sur le Bien-Être Émotionnel** : La dépendance affective peut avoir un impact significatif sur le bien-être émotionnel de la personne, entraînant une anxiété accrue, une faible estime de soi et des difficultés à maintenir des relations saines et équilibrées.

Ce schéma montre comment la dépendance affective se manifeste dans l'attachement anxieux, mettant en lumière les mécanismes sous-jacents qui contribuent à cette dynamique relationnelle complexe.

Schéma du sacrifice de soi.

Le schéma du sacrifice de soi dans l'attachement anxieux peut être représenté de la manière suivante :

1) **Besoin Excessif de Plaire** : Les individus avec un attachement anxieux peuvent ressentir un besoin excessif de plaire aux autres, souvent au détriment de leurs propres besoins et désirs.

2) **Peur de Rejet et d'Abandon** : La peur intense du rejet et de l'abandon conduit à une volonté de tout faire pour maintenir les relations, même si cela signifie sacrifier ses propres besoins et valeurs.

3) **Difficulté à Dire Non** : La difficulté à établir des limites et à dire non peut résulter de la peur de perdre l'amour ou l'approbation des autres, ce qui peut entraîner un schéma de sacrifice constant.

4) **Priorisation des Autres avant Soi-même** : Les personnes avec un attachement anxieux ont tendance à mettre les besoins et les désirs des autres avant les leurs, en sacrifiant leur propre bien-être émotionnel et parfois physique.

5) **Auto-Abandon Émotionnel** : Le sacrifice de soi dans l'attachement anxieux peut conduire à un auto-abandon émotionnel, où la personne ignore ses propres sentiments et besoins pour se concentrer exclusivement sur ceux des autres.

6) **Recherche de Réassurance Constante** : Pour compenser le sentiment de sacrifice constant, la personne peut chercher constamment la réassurance et l'approbation des autres pour se sentir valorisée et aimée.

7) **Cycle de Satisfaction Temporaire et d'Insatisfaction Continue :** Ce schéma crée un cycle où la personne peut ressentir une satisfaction temporaire lorsqu'elle se sent utile ou aimée, mais cette satisfaction est souvent éphémère, conduisant à une insatisfaction continue et à un sentiment de vide.

8) **Impact sur l'Estime de Soi :** Le sacrifice de soi dans l'attachement anxieux peut avoir un impact négatif sur l'estime de soi, en renforçant le sentiment de ne pas être assez important ou aimable pour mériter l'attention et l'amour sans sacrifices.

Ce schéma met en lumière les conséquences du sacrifice de soi dans l'attachement anxieux, montrant comment cela peut affecter la relation avec soi-même et avec les autres, ainsi que l'estime de soi et le bien-être émotionnel.

Pratiquer l'affirmation de soi.

Dans l'analyse des dynamiques de l'attachement anxieux, nous sommes souvent confrontés à deux obstacles prédominants : la dépendance affective et la propension au sacrifice de soi. Ces défis ont une répercussion notable sur la qualité de nos interactions personnelles et notre équilibre émotionnel. Ce chapitre se consacre à l'examen de l'affirmation de soi comme tactique fondamentale pour transcender ces barrières.

L'affirmation de soi se définit par la capacité à exprimer ses propres besoins et frontières de manière transparente et respectueuse, à naviguer les conflits avec une approche constructive et à entretenir une relation enrichissante tant avec soi-même qu'avec autrui. Dans le cadre de l'attachement anxieux, cela implique de savoir identifier et revendiquer ses exigences personnelles tout en considérant celles d'autrui, d'élaborer des méthodes de gestion des désaccords qui préservent notre bien-être émotionnel, et de se positionner avec compassion pour consolider l'estime de soi et la qualité des liens interpersonnels.

En s'engageant dans la voie de l'affirmation de soi, les personnes aux prises avec un attachement anxieux peuvent graduellement dépasser leur dépendance affective en apprenant à se suffire de leur propre approbation et en forgeant des relations plus harmonieuses et gratifiantes. Ce chapitre propose une panoplie d'outils pragmatiques, de techniques et de recommandations pour cultiver une communication assertive, instaurer des limites saines et promouvoir un sentiment de confiance en soi ainsi qu'une autonomie émotionnelle.

Exprimer ses besoins et limites.

Exprimer ses besoins et limites est un aspect crucial pour surmonter l'attachement anxieux et ses schémas associés. Lorsque l'on a un style d'attachement anxieux, il est souvent difficile de communiquer ses besoins de manière claire et assertive, ce qui peut contribuer à la dépendance affective et au schéma de sacrifice de soi. Voici quelques conseils pour pratiquer l'affirmation de soi et surmonter ces défis :

1. **Identification des Besoins :** Prenez le temps d'identifier vos besoins émotionnels, relationnels et personnels. Soyez conscient(e) de ce qui vous rend heureux(se), sécurisé(e) et épanoui(e) dans vos relations.

Fiche Pratique : Identification des Besoins

a. **Réflexion Introspective :** Prenez un moment pour réfléchir à ce qui vous rend heureux(se), sécurisé(e) et épanoui(e) dans vos relations.

b. **Liste des Besoins** : Écrivez une liste de vos besoins émotionnels, relationnels et personnels identifiés lors de la réflexion.

c. **Hiérarchisation** : Classez vos besoins par ordre d'importance pour mieux comprendre ce qui est essentiel pour vous dans vos relations.

Exemple : Julie, qui a un attachement anxieux, prend du temps pour réfléchir à ses besoins émotionnels et relationnels. Elle identifie le besoin de sécurité, de communication ouverte et de soutien émotionnel comme prioritaires dans ses relations. En hiérarchisant ses besoins, elle réalise que la communication ouverte est cruciale pour elle afin de se sentir en sécurité et épanouie dans ses relations.

2. **Clarification des Limites** : Définissez vos limites personnelles et émotionnelles. Réfléchissez à ce que vous êtes prêt(e) à accepter ou non dans une relation, et soyez prêt(e) à les communiquer clairement aux autres.

Fiche Pratique : Clarification des Limites

a) **Auto-Évaluation** : Réfléchissez à ce que vous êtes prêt(e) à accepter ou non dans une relation, en tenant compte de vos valeurs, de vos besoins et de vos limites personnelles.

b) **Énoncé des Limites** : Identifiez vos limites personnelles et émotionnelles et rédigez-les de manière concise et claire.

c) **Communication des Limites** : Soyez prêt(e) à communiquer clairement vos limites aux autres lorsqu'elles sont touchées.

Exemple Analyse : Dans son travail sur les limites, Julie identifie qu'elle a besoin d'espace personnel et de temps pour elle-même pour se sentir équilibrée. Elle clarifie ses limites en expliquant à son partenaire que bien qu'elle l'aime, elle a également besoin de moments de solitude pour se ressourcer. Cette communication claire aide à établir des frontières saines dans sa relation.

3. **Pratique de la Communication Assertive** : Apprenez à exprimer vos besoins et limites de manière assertive et respectueuse. Utilisez un langage clair et non accusateur pour partager vos sentiments et vos attentes.

Fiche Pratique : Pratique de la Communication Assertive

a) **Identification des Besoins à Communiquer** : Identifiez les besoins ou les limites que vous souhaitez communiquer de manière assertive.

b) **Langage Clair et Non Accusateur** : Utilisez un langage clair, précis et non accusateur pour exprimer vos sentiments, besoins et attentes.

c) **Utilisation de "Je"** : Commencez vos phrases par "Je" pour exprimer vos propres émotions et besoins plutôt que de pointer du doigt l'autre personne.

d) **Pratique des Techniques Assertives** : Entraînez-vous à utiliser des techniques assertives telles que la répétition, la rétroaction et la validation pour renforcer votre communication.

Exemple Analyse : Julie pratique la communication assertive en exprimant à son ami qu'elle a besoin de plus de soutien émotionnel lorsqu'elle se sent anxieuse. Elle dit : "Je ressens le besoin d'être entendue et soutenue lorsque je suis anxieuse. Serait-il possible pour toi d'être plus présent et réceptif à mes émotions dans ces moments-là ?" Cette approche assure une communication claire et non offensive de ses besoins.

4. **Évitez la Passivité ou l'Agressivité** : Évitez de tomber dans le piège de la passivité (ne pas exprimer vos besoins) ou de l'agressivité (exprimer vos besoins de manière trop abrupte ou conflictuelle). Trouvez un équilibre en étant assertif(ve).

Fiche Pratique : Évitez la Passivité ou l'Agressivité

a) **Conscience de Votre Style de Communication** : Identifiez si vous avez tendance à être passif(ve), agressif(ve) ou assertif(ve) dans votre communication.

b) **Développement de la Communication Assertive** : Entraînez-vous à utiliser des techniques de communication assertive pour exprimer vos besoins de manière claire et respectueuse.

c) **Gestion des Émotions** : Apprenez à gérer vos émotions pour éviter les réactions impulsives ou agressives lors de la communication de vos besoins.

Exemple Analyse : Julie reconnaît qu'elle a tendance à être passive dans ses relations en ne communiquant pas toujours ses besoins. Elle s'entraîne à être plus assertive en exprimant son désir d'avoir des conversations plus profondes avec son partenaire. Plutôt que de garder ses sentiments pour elle, elle trouve le courage d'aborder le sujet de manière constructive et respectueuse.

5. **Pratique de l'Écoute Active** : Soyez également à l'écoute des besoins et limites des autres. La communication assertive implique une écoute active et une compréhension mutuelle.

a) **Attention et Concentration :** Portez une attention particulière à ce que l'autre personne dit, en vous concentrant sur ses sentiments et besoins.

b) **Validation et Répétition :** Validez les sentiments de l'autre en répétant ses propos pour montrer que vous comprenez et que vous êtes attentif(ve).

c) **Évitez les Interruptions :** Évitez d'interrompre la personne pendant qu'elle parle, laissez-la s'exprimer complètement avant de répondre.

d) **Posez des Questions Clarificatrices :** Si nécessaire, posez des questions pour clarifier les points et démontrer votre intérêt pour comprendre pleinement son point de vue.

Exemple Analyse : Lors d'une conversation avec son ami sur ses besoins émotionnels, Julie pratique l'écoute active en lui permettant de s'exprimer librement sans l'interrompre. Elle répète ensuite ses paroles en disant : "Si je comprends bien, tu as besoin de plus de temps de qualité ensemble pour te sentir connecté(e) dans notre relation." Cette écoute attentive favorise une meilleure compréhension mutuelle.

6. **Utilisation de "Je" Plutôt que de "Tu" :** Lorsque vous exprimez vos besoins, utilisez des phrases commençant par "Je" pour éviter de paraître accusateur(e). Par exemple, dites "Je ressens le besoin d'être rassuré(e) dans notre relation" plutôt que "Tu ne me rassures pas assez".

a) **Réflexion sur le Langage Utilisé :** Prenez conscience de l'impact du langage que vous utilisez lors de la communication de vos besoins et limites.

b) **Remplacement des Phrases :** Transformez les phrases accusatoires en phrases commençant par "Je" pour exprimer vos émotions et besoins de manière personnelle et non critique.

c) **Pratique de la Reformulation :** Entraînez-vous à reformuler vos pensées pour utiliser le "Je" de manière naturelle et efficace.

Exemple Analyse : Au lieu de dire à son partenaire "Tu ne m'accordes pas assez de temps", Julie reformule sa phrase en utilisant le "Je" : "Je ressens le besoin de passer plus de temps ensemble pour renforcer notre lien." Ce changement de langage évite les accusations directes et encourage une communication ouverte et constructive.

7. **Pratique de la Tolérance à l'Inconfort :** Acceptez que la communication de vos besoins puisse parfois être inconfortable, mais rappelez-vous que c'est un aspect essentiel pour établir des relations saines et équilibrées.

Fiche Pratique : Pratique de la Tolérance à l'Inconfort

a) **Acceptation des Émotions :** Reconnaissez et acceptez que l'inconfort émotionnel est une partie normale du processus de communication assertive.

b) **Respiration et Relaxation :** Pratiquez des techniques de respiration et de relaxation pour gérer le stress et l'anxiété pendant les conversations difficiles.

c) **Perspective à Long Terme :** Gardez à l'esprit les bénéfices à long terme d'une communication assertive, même si cela peut être inconfortable à court terme.

Exemple Analyse : Lorsqu'elle exprime ses besoins à son ami, Julie ressent parfois de l'inconfort émotionnel. Elle utilise des techniques de respiration profonde pour se calmer et se rappelle que la communication assertive renforcera sa relation à long terme. Cette tolérance à l'inconfort lui permet de rester engagée dans ses efforts pour s'affirmer.

En pratiquant régulièrement l'affirmation de soi et en exprimant vos besoins et limites de manière constructive, vous pouvez progressivement surmonter l'attachement anxieux en renforçant votre estime de soi, en établissant des frontières saines et en favorisant des relations plus équilibrées et satisfaisantes.

Gérer les conflits de manière constructive.

Imaginez que vous naviguez sur un lac calme et paisible. Soudain, une tempête éclate, agitant les eaux et rendant la navigation difficile. Dans cette situation, la visibilité est réduite et les obstacles deviennent moins prévisibles, nécessitant une navigation prudente et stratégique pour éviter les écueils. De la même manière, un conflit peut agiter nos émotions et brouiller nos pensées, créant un environnement complexe et difficile à naviguer. L'attachement anxieux agit comme une tempête émotionnelle, rendant essentiel d'adopter des stratégies de gestion de conflit adaptées pour éviter les pièges et favoriser des résolutions positives. Nous allons explorer des techniques pour gérer les conflits de manière efficace lorsque l'on souffre d'attachement anxieux.

Tout d'abord, il est important de comprendre que les conflits font partie intégrante de la vie et qu'ils peuvent même être bénéfiques s'ils sont gérés de manière constructive. Comme l'a dit le philosophe allemand Friedrich Nietzsche, ***"Ce qui ne nous tue pas nous rend plus fort".*** Les conflits peuvent nous aider à grandir et à nous développer en tant qu'individus, ainsi qu'à renforcer nos relations avec les autres. Lorsque l'on souffre d'attachement anxieux, il est facile de tomber dans le piège de l'évitement des conflits. Cependant, éviter les conflits peut en réalité aggraver la situation en créant des ressentiments et des frustrations refoulés. Il est donc important de faire face aux conflits de manière constructive.

Une technique utile pour gérer les conflits de manière constructive est la communication assertive. La communication assertive consiste à exprimer ses besoins et ses désirs de manière claire et respectueuse, tout en prenant en compte les besoins et les désirs de l'autre personne. Cette approche peut aider à prévenir les malentendus et les conflits inutiles. Par exemple, si vous êtes en désaccord avec un collègue sur un projet, vous pouvez exprimer votre point de vue de manière assertive en disant quelque chose comme : *"Je comprends que vous ayez une opinion différente sur ce projet, mais j'aimerais que nous puissions trouver un terrain d'entente qui convienne à tous les deux."*

Une autre technique pour gérer les conflits de manière constructive est la résolution de problèmes. La résolution de problèmes consiste à identifier le problème, à générer des solutions possibles et à choisir la solution la plus appropriée. Par exemple, si vous êtes en conflit avec votre partenaire au sujet de la répartition des tâches ménagères, vous pouvez utiliser la résolution de problèmes pour trouver une solution qui convient à tous les deux. Vous pouvez commencer par identifier le problème, puis générer des solutions possibles, telles que la création d'un calendrier de tâches ménagères ou l'embauche d'une aide-ménagère. Ensuite, vous pouvez choisir la solution la plus appropriée en fonction de vos besoins et de vos contraintes.

Voici une approche en étapes pour y parvenir :

Fiche pratique Gestion Constructive des Conflits
1) **Reconnaissance et Acceptation :** Acceptez que le conflit soit une partie normale des relations. **Par exemple :** "Je reconnais que nous avons des points de vue différents et c'est normal."
2) **Écoute Active :** Écoutez attentivement et sans interruption. **Par Exemple:** "Je t'écoute pour comprendre ton point de vue, sans jugement."
3) **Expression Calme :** Exprimez votre propre perspective calmement et clairement. **Par Exemple :** "Voici comment je vois la situation…"
4) **Recherche de Solutions :** Cherchez des solutions qui répondent aux besoins de toutes les parties. **Par Exemple :** "Quelles sont les options qui pourraient nous convenir à tous les deux ?"
5) **Compromis :** Soyez prêt à faire des compromis pour parvenir à une résolution. **Par Exemple :** "Je suis prêt à faire cela si tu peux faire cela…"

6) **Accord** : Parvenez à un accord qui respecte les besoins et limites de chacun. **Par Exemple** : "Nous sommes d'accord sur cette solution, travaillons ensemble pour la mettre en œuvre."

7) **Suivi** : Assurez-vous que l'accord est respecté et réévaluez si nécessaire. **Par Exemple** : "Vérifions dans une semaine comment les choses se passent."

Ces étapes peuvent aider à transformer un conflit potentiellement destructeur en une opportunité de renforcer la relation et de favoriser la compréhension mutuelle. La clé est de rester respectueux et ouvert à la perspective de l'autre tout en étant clair sur vos propres besoins et limites.

Enfin, il est important de se rappeler que les conflits ne sont pas toujours négatifs. Comme l'a dit le psychologue américain Carl Rogers, ***"Le conflit est l'essence même de la vie".*** Les conflits peuvent nous aider à grandir et à nous développer en tant qu'individus, ainsi qu'à renforcer nos relations avec les autres. En adoptant une approche constructive pour gérer les conflits, nous pouvons transformer les conflits en opportunités de croissance et de développement.

En conclusion, gérer les conflits de manière constructive lorsque l'on souffre d'attachement anxieux peut sembler difficile, mais cela est possible en adoptant certaines stratégies telles que la communication assertive et la résolution de problèmes. En utilisant ces techniques, nous pouvons transformer les conflits en opportunités de croissance et de développement personnel. Comme l'a dit le philosophe chinois Lao Tseu, "De la discorde naît la concorde".

S'affirmer avec bienveillance.

Imaginez que vous devez construire un pont pour franchir une rivière tumultueuse. Pour que ce pont soit solide et fiable, il doit être construit avec des matériaux de qualité et un design réfléchi. De la même manière, l'affirmation de soi avec bienveillance nécessite une approche structurée et réfléchie pour surmonter les obstacles liés à l'attachement anxieux.

L'attachement anxieux peut rendre difficile l'affirmation de soi dans les relations interpersonnelles. Les personnes souffrant d'attachement anxieux peuvent avoir peur de perdre l'amour ou l'approbation des autres, ce qui peut les amener à éviter les conflits ou à se soumettre aux désirs des autres. Cependant, s'affirmer avec bienveillance est essentiel pour maintenir des relations saines et équilibrées.

Mais qui ce que, réellement, l'affirmation de soi ?

L'affirmation de soi consiste à exprimer ses besoins, ses désirs et ses opinions de manière respectueuse et assertive, tout en prenant en compte les besoins et les sentiments des autres. L'affirmation de soi ne signifie pas être agressif ou égoïste, mais plutôt trouver un équilibre entre ses propres besoins et ceux des autres.

Pourquoi c'est-elle importante ?

L'affirmation de soi est importante pour maintenir des relations saines et équilibrées. Lorsque l'on ne s'affirme pas, on peut se sentir frustré, en colère ou mécontent, ce qui peut conduire à des conflits ou à une détérioration de la relation. De plus, l'affirmation de soi peut aider à renforcer l'estime de soi et la confiance en soi, ce qui est essentiel pour surmonter l'attachement anxieux.

Comment s'affirmer avec bienveillance ?

1. **Identifier ses besoins et ses limites :** Pour s'affirmer avec bienveillance, il est important de savoir ce que l'on veut et ce que l'on ne veut pas. Prenez le temps de réfléchir à vos besoins et à vos limites, et soyez prêt à les communiquer clairement aux autres.

2. **Auto-observation :** Prenez conscience de vos comportements et émotions. Exemple *: "Je remarque que je deviens anxieux quand je ne reçois pas de réponse immédiate."*

3. **Utiliser un langage assertif :** Utilisez un langage clair et direct pour exprimer vos besoins et vos limites. Évitez d'utiliser un langage passif ou agressif, qui peut conduire à des malentendus ou à des conflits. Par exemple, au lieu de dire "Je suppose que ça ne te dérange pas si je pars plus tôt", dites "J'ai besoin de partir plus tôt aujourd'hui, est-ce que cela te convient ?" Autre Exemple : "Je me sens inquiet quand je n'ai pas de nouvelles, cela m'aide de savoir quand tu es occupé."

4. **Écouter activement :** L'écoute active est essentielle pour s'affirmer avec bienveillance. Écoutez attentivement les besoins et les préoccupations des autres, et montrez que vous les comprenez. Cela peut aider à créer un environnement de respect mutuel et de collaboration. Exemple : Écoutez l'autre personne et validez ses sentiments. ***«Je comprends que tu as tes propres besoins et je veux les respecter. »***

5. **Trouver un terrain d'entente :** Lorsque les besoins et les désirs des deux parties sont en conflit, cherchez un terrain d'entente. Trouvez une solution qui répond aux besoins des deux parties, plutôt que de chercher à imposer votre

volonté. Par exemple, si votre partenaire veut passer du temps avec des amis, mais que vous avez besoin de temps seul, proposez de passer du temps ensemble plus tard dans la semaine.

6. **Pratique de l'Empathie :**Montrez de la compréhension et de la compassion pour les expériences des autres. Par exemple : *"Je sais que tu es stressé par ton travail et je veux te soutenir."*

7. **Renforcement de l'Estime de Soi :**Travaillez sur votre confiance en vous pour vous affirmer sans dépendre de l'approbation des autres. **Exemple :** *"Je reconnais ma valeur et je sais que mes besoins sont importants."*

8. **Respect des Limites :** Respectez vos limites et celles des autres. Exemple : *« Je respecte ton espace et j'apprécierais que tu respectes mes moments de solitude. »*

9. **Pratiquer la gratitude :** La gratitude peut aider à renforcer les relations et à créer un environnement positif. Remerciez les autres pour leur soutien et leur compréhension, et exprimez votre appréciation pour les choses positives dans votre vie.

L'affirmation de soi peut être comparée à la conduite d'une voiture. Lorsque vous conduisez, vous devez être conscient de votre destination et de la route que vous devez emprunter pour y arriver. De même, lorsque vous vous affirmez, vous devez être conscient de vos besoins et de vos limites, et communiquer clairement avec les autres pour atteindre vos objectifs. Cependant, tout comme vous devez respecter les règles de la route et les autres conducteurs, vous devez également respecter les besoins et les sentiments des autres lorsque vous vous affirmez.

S'affirmer avec bienveillance est essentiel pour maintenir des relations saines et équilibrées lorsque l'on souffre d'attachement anxieux. En identifiant ses besoins et ses limites, en utilisant un langage assertif, en écoutant activement, en trouvant un terrain d'entente et en pratiquant la gratitude, on peut s'affirmer tout en respectant les besoins et les sentiments des autres. En utilisant l'analogie de la conduite d'une voiture, on peut se rappeler l'importance de communiquer clairement tout en respectant les autres. En pratiquant l'affirmation de soi avec bienveillance, on peut renforcer l'estime de soi et la confiance en soi, tout en créant des relations positives et épanouissantes.

Apprendre à faire confiance.

Lorsque l'on souffre d'attachement anxieux, faire confiance aux autres peut s'avérer être un défi de taille. Pourtant, apprendre à faire confiance est essentiel pour construire des relations saines et épanouissantes. Dans cette section, nous allons explorer les mécanismes de méfiance qui sous-tendent l'attachement anxieux, ainsi que des exercices pratiques pour développer la confiance en soi et envers les autres.

Comprendre ses mécanismes de méfiance.

L'attachement anxieux est souvent lié à des expériences passées de trahison, de rejet ou d'abandon. Ces expériences peuvent avoir créé des schémas de pensée et de comportement qui rendent difficile la confiance envers les autres. Les personnes souffrant d'attachement anxieux peuvent avoir tendance à interpréter les comportements des autres comme étant menaçants ou hostiles, même lorsque ce n'est pas le cas. Elles peuvent également avoir du mal à se fier à leur propre jugement et à leurs propres émotions, ce qui peut rendre difficile la prise de décisions et l'établissement de limites saines.

Comprendre ses mécanismes de méfiance est crucial lorsque l'on fait face à un attachement anxieux. Les personnes ayant un tel style d'attachement peuvent développer des schémas de pensée et des comportements qui renforcent la méfiance envers les autres. Voici une exploration détaillée de ces mécanismes de méfiance spécifiques chez les personnes avec un attachement anxieux :

1. Hypervigilance Émotionnelle : elles ont souvent une hypervigilance émotionnelle, ce qui signifie qu'elles sont constamment à l'affût de signes de rejet, d'abandon ou de trahison. Cette hypervigilance peut les amener à interpréter de manière excessive des situations neutres comme étant menaçantes pour leur sécurité émotionnelle. Par exemple : Julie, qui a un attachement anxieux, interprète le fait que son partenaire ne lui réponde pas immédiatement comme un signe de rejet, ce qui renforce sa méfiance envers lui.

2. Attentes Négatives : elles ont souvent des attentes négatives quant aux intentions et aux actions des autres. Elles anticipent souvent le pire dans les relations et sont plus enclines à voir les comportements neutres comme des signes de désintérêt ou de malveillance. Par exemple, Marc, qui a un attachement anxieux, s'attend toujours à être déçu par ses amis et croit qu'ils l'abandonneront tôt ou tard, ce qui alimente sa méfiance.

3. Recherche Excessive de Réassurance : elles ont tendance à rechercher de manière excessive la réassurance des autres pour calmer leurs angoisses et leurs doutes.

Cependant, cette recherche constante de réassurance peut créer une dynamique de dépendance et renforcer la méfiance si elle n'est pas satisfaite de manière adéquate. Par exemple, Sarah, qui a un attachement anxieux, demande constamment à son partenaire s'il l'aime encore, ce qui crée des tensions dans leur relation et renforce sa méfiance envers ses sentiments.

4. Autoprotection Excessive : elles adopter des comportements d'autoprotection excessive pour se protéger des éventuelles douleurs émotionnelles. Cela peut se manifester par un retrait émotionnel, une évitement des relations intimes ou une préférence pour des relations superficielles qui n'impliquent pas de vulnérabilité émotionnelle. Par exemple, Thomas, qui a un attachement anxieux, évite de s'engager émotionnellement dans ses relations amoureuses pour se protéger contre la possibilité d'être blessé, ce qui renforce sa méfiance envers les autres.

En comprenant ces mécanismes de méfiance associés à l'attachement anxieux, il devient possible de travailler sur ces schémas de pensée et de comportement pour favoriser des relations plus saines et équilibrées. Cela peut impliquer un travail thérapeutique pour explorer les racines de ces mécanismes et développer des stratégies d'adaptation plus positives.

Accepter sa vulnérabilité dans la relation à l'autre.

Pour apprendre à faire confiance, il faut reconnaître et d'accepter sa propre vulnérabilité dans la relation à l'autre. Cela signifie accepter que l'on ne peut pas tout contrôler et que l'on peut être blessé par les actions des autres. mais cela ne signifie pas que l'on doit se soumettre passivement aux autres ou accepter des comportements abusifs. Il s'agit plutôt de trouver un équilibre entre la protection de soi et l'ouverture à l'autre.

Accepter sa vulnérabilité dans la relation à l'autre est un défi pour les personnes ayant un attachement anxieux. Cependant, c'est une étape essentielle pour établir des liens authentiques et équilibrés. Voici comment cela peut être abordé :

1. Reconnaître et Accepter ses Émotions : La première étape pour accepter sa vulnérabilité est de reconnaître et d'accepter ses émotions. Cela inclut de reconnaître les peurs, les angoisses et les besoins émotionnels qui peuvent surgir dans les relations, sans les juger ni les minimiser. **Exemple :** Laura, qui a un attachement anxieux, commence à reconnaître et à accepter qu'elle ressent de l'insécurité et de l'anxiété lorsque son partenaire n'est pas disponible, au lieu de les refouler ou de les nier.

2. Pratiquer l'Auto-Compassion : L'auto-compassion consiste à traiter ses propres émotions avec gentillesse et compréhension, comme on le ferait pour un ami. Cela implique de se parler positivement, de se donner de l'attention et de la sollicitude lorsqu'on se sent vulnérable dans une relation. **Exemple :** Alex, qui a un attachement anxieux, pratique l'auto-compassion en se disant des phrases réconfortantes comme "C'est normal de se sentir vulnérable parfois, je suis là pour moi-même et je vais prendre soin de mes émotions."

3. Oser Partager ses Émotions : Accepter sa vulnérabilité signifie également être capable de partager ses émotions avec l'autre de manière ouverte et authentique. Cela implique de communiquer ses besoins, ses préoccupations et ses limites de manière assertive et respectueuse. **Exemple :** Lucas, qui a un attachement anxieux, prend le courage de partager ses inquiétudes avec son ami, en exprimant ses besoins de réassurance sans accuser l'autre de ses propres émotions.

4. Travailler sur l'Estime de Soi : Une estime de soi positive est essentielle pour accepter sa vulnérabilité. Cela implique de reconnaître sa propre valeur, ses forces et ses qualités, même dans les moments de vulnérabilité ou d'incertitude. **Exemple :** Emma, qui a un attachement anxieux, travaille sur son estime de soi en se concentrant sur ses réussites passées et en se rappelant ses compétences, ce qui lui donne plus de confiance pour accepter sa vulnérabilité dans ses relations.

Accepter sa vulnérabilité dans la relation à l'autre est un processus progressif qui demande de la pratique et de la patience. En reconnaissant et en acceptant ses émotions, en pratiquant l'auto-compassion, en osant partager ses émotions et en travaillant sur son estime de soi, une personne avec un attachement anxieux peut développer des relations plus authentiques et épanouissantes. Cela permet également de créer un environnement de confiance et de compréhension mutuelle dans les relations interpersonnelles.

Exercices pour développer la confiance

Il existe de nombreux exercices pratiques pour développer la confiance en soi et envers les autres. En voici quelques-uns :

1. **Tenir un journal de gratitude :** Prendre le temps chaque jour de noter les choses pour lesquelles on est reconnaissant peut aider à cultiver une attitude positive et à renforcer la confiance en soi.

2.   **Pratiquer la pleine conscience** : La pleine conscience consiste à porter son attention sur le moment présent, sans jugement. Cela peut aider à réduire l'anxiété et à renforcer la confiance en soi en permettant de se connecter à ses propres émotions et besoins.

3.   **Fixer des limites saines** : Apprendre à dire non et à établir des limites claires peut aider à renforcer la confiance en soi et à se protéger des comportements abusifs. Il faut communiquer clairement ses besoins et ses attentes aux autres, tout en étant ouvert à leurs propres besoins et limites.

4.   **Développer l'empathie** : L'empathie consiste à se mettre à la place des autres et à comprendre leurs émotions et leurs perspectives. Cela peut aider à renforcer la confiance envers les autres en favorisant une compréhension mutuelle et en réduisant les malentendus.

5.   **Pratiquer la communication assertive** : La communication assertive consiste à exprimer ses pensées, ses émotions et ses besoins de manière claire, directe et respectueuse. Cela peut aider à renforcer la confiance en soi et envers les autres en favorisant une communication ouverte et honnête.

6.   **S'engager dans des activités qui renforcent la confiance en soi** : Les activités telles que le sport, la méditation, la thérapie ou les groupes de soutien peuvent aider à renforcer la confiance en soi et à développer des compétences émotionnelles et relationnelles.

En pratiquant régulièrement ces exercices, il est possible de développer progressivement sa confiance en soi et envers les autres, et de construire des relations plus saines et épanouissantes. Cependant, il est important de se rappeler que le processus de développement de la confiance peut prendre du temps et nécessiter de la patience et de la persévérance. Il est également important de se faire aider par un professionnel de la santé mentale si l'on souffre d'attachement anxieux ou de tout autre trouble de l'attachement.

Étape 4 - Accepter l'incertitude dans les relations

Objectif de cette étape: Cultiver l'acceptation de l'incertitude et apprendre à lâcher prise sur le besoin de contrôle pour embrasser la flexibilité dans les relations.

Lâcher prise sur le contrôle et la certitude.

L'acceptation de l'incertitude dans les relations est une étape importante pour les personnes souffrant d'attachement anxieux. Cette étape consiste à lâcher prise sur le besoin de contrôle et de certitude, et à accepter que les relations comportent toujours une part d'incertitude et d'imprévisibilité. Voici quelques éléments à prendre en compte pour accepter l'incertitude dans les relations :

Comprendre le besoin de contrôle :

Dans la dynamique de l'attachement anxieux, le besoin de contrôle est un élément central qui peut affecter profondément les relations interpersonnelles. Cette tendance à vouloir contrôler les autres et les situations peut être comprise à la lumière des théories psychanalytiques et psychodynamiques, qui mettent en évidence les mécanismes inconscients sous-jacents à ce comportement.

Selon la théorie psychanalytique, le besoin de contrôle est lié à une anxiété de séparation, qui trouve son origine dans les premières expériences de l'enfance. Lorsqu'un enfant ne reçoit pas suffisamment de sécurité et de réconfort de la part de ses figures d'attachement, il peut développer une peur de la perte ou de l'abandon, qui se manifeste plus tard dans la vie sous la forme d'un attachement anxieux. Le besoin de contrôle devient alors une stratégie inconsciente pour éviter la douleur émotionnelle associée à la perte. Prenons l'exemple de Marie, une femme souffrant d'attachement anxieux. Dans son enfance, sa mère était souvent absente et peu réactive à ses besoins émotionnels. Pour faire face à cette situation, Marie a développé une stratégie de contrôle, en essayant de tout planifier et de tout prévoir pour éviter les situations imprévues qui pourraient la rendre vulnérable. Cette stratégie de contrôle s'est généralisée à ses relations amoureuses, où elle cherche à tout contrôler pour éviter d'être abandonnée.

La perspective psychodynamique met également en évidence le rôle des mécanismes de défense dans le besoin de contrôle. Selon cette théorie, le besoin de contrôle peut être compris comme une défense contre l'anxiété et la vulnérabilité émotionnelle. En cherchant à contrôler les autres et les situations, la personne souffrant d'attachement anxieux peut se sentir plus en sécurité et éviter de se confronter à ses propres émotions et besoins. Pour reprendre l'exemple de Marie, sa stratégie de contrôle peut être comprise comme une défense contre l'anxiété de séparation. En contrôlant tout, elle se sent plus en sécurité et évite de se confronter à sa peur de l'abandon. Cependant, cette stratégie peut également l'empêcher de développer des relations plus saines et épanouissantes.

Pour surmonter le besoin de contrôle dans l'attachement anxieux, il est important de prendre conscience de ces mécanismes inconscients et de travailler sur soi pour les dépasser. La thérapie peut être un moyen efficace pour explorer ces mécanismes et apprendre à développer des relations plus saines et épanouissantes.

Conclusion : Le besoin de contrôle dans l'attachement anxieux peut être compris à la lumière des théories psychanalytiques et psychodynamiques, qui mettent en évidence les mécanismes inconscients sous-jacents à ce comportement. En explorant ces mécanismes et en travaillant sur soi, il est possible de surmonter le besoin de contrôle et de construire des relations plus saines et épanouissantes. Comme une plante qui a besoin de lumière et d'eau pour grandir, les relations ont besoin de confiance et de liberté pour s'épanouir. En lâchant prise sur le besoin de contrôle, on peut laisser les relations se développer naturellement et découvrir de nouvelles possibilités de croissance et d'épanouissement personnel.

Accepter ce que l'on ne peut pas contrôler.

Dans la quête de la paix intérieure et des relations harmonieuses, il est crucial de comprendre et d'accepter ce que l'on ne peut pas contrôler. Cette acceptation peut conduire à une libération des tensions internes et à des interactions plus équilibrées avec les autres.

Le paradoxe du contrôle illusoire réside dans notre tendance à investir une grande énergie mentale et émotionnelle dans la tentative de réguler les actions, pensées et sentiments des autres. Cette lutte constante crée souvent un état de tension intérieure et nuit à nos relations interpersonnelles. Imaginez-vous voguer sur une rivière tumultueuse, où chaque vague représente un aspect de la vie qui échappe à notre contrôle. Essayer de maîtriser chaque vague pour maintenir un calme parfait est aussi vain que vouloir contrôler chaque aspect des autres dans nos relations.

La Sagesse de l'Acceptation :

Accepter ce que l'on ne peut pas contrôler est un acte de sagesse profonde. Cela implique de reconnaître que chaque individu est unique, avec ses propres pensées, émotions et choix. En embrassant cette réalité, nous nous libérons des attentes irréalistes et nous ouvrons la voie à une plus grande harmonie intérieure. **Par exemple** Sophie, qui a du mal à accepter les différences d'opinion de son partenaire, apprend progressivement à lâcher prise sur le besoin de tout contrôler, ce qui lui permet de vivre des interactions plus authentiques et épanouissantes.

Cultiver la compassion et la tolérance :

En acceptant ce que l'on ne peut pas contrôler, nous développons la compassion envers nous-mêmes et envers les autres. Nous apprenons à tolérer les divergences et à trouver des solutions créatives plutôt que de lutter contre des éléments immuables. Cela favorise des relations plus enrichissantes et une vie plus équilibrée. L'acceptation de ce que l'on ne peut pas contrôler est une clé essentielle pour trouver la paix intérieure et établir des relations harmonieuses. Cela nous permet de naviguer avec plus de fluidité à travers les défis de la vie et d'embrasser chaque instant avec sérénité.

Faire des concessions

Dans les relations interpersonnelles, la négociation et l'art de faire des concessions sont des compétences essentielles pour construire des relations saines et épanouissantes. Cependant, pour les personnes souffrant d'attachement anxieux, faire des concessions peut être un défi de taille. Dans cette perspective, la théorie psychanalytique et psychodynamique peut nous aider à comprendre les mécanismes sous-jacents à cette difficulté et à trouver des moyens de surmonter cette difficulté.

Selon la psychodynamique, les personnes avec un attachement anxieux peuvent craindre que faire des concessions signifie perdre une partie d'eux-mêmes ou être moins aimées. Elles peuvent également avoir peur que leurs besoins ne soient pas pris en compte si elles cèdent trop. Pour illustrer ce concept avec une analogie, imaginons que chaque personne porte un sac à dos invisible rempli de pierres précieuses qui représentent ses besoins, ses désirs et ses valeurs. Pour quelqu'un avec un attachement anxieux, chaque concession peut ressentir comme s'il devait donner une de ses pierres précieuses à quelqu'un d'autre, diminuant ainsi la richesse de son propre sac à dos. La crainte est que, si trop de pierres sont données, il ne restera plus rien pour soi, ou que les autres ne verront plus la valeur de son sac à dos.

Prenons l'exemple de Samir, qui a un attachement anxieux et qui est en relation avec Léa. Léa souhaite passer plus de temps avec ses amis, ce qui signifie que Samir devrait passer moins de temps avec elle. Pour Samir, cela ressemble à donner une de ses pierres précieuses à Léa, et il craint que si elle voit qu'il a moins de pierres, elle pourrait le trouver moins attrayant ou moins digne d'amour. De plus, il a peur que ses propres besoins de passer du temps avec Léa ne soient pas valorisés ou reconnus.

Pour surmonter cette peur, Samir doit apprendre que faire des concessions ne signifie pas perdre sa valeur. Au lieu de cela, il peut voir cela comme un échange de pierres précieuses, où il donne quelque chose de valeur mais reçoit aussi quelque chose en retour, comme la confiance et le respect de Léa. De plus, il doit comprendre que son sac à dos est constamment renouvelé avec de nouvelles pierres précieuses à travers ses propres expériences et croissance personnelle.

En acceptant de faire des concessions, Samir peut enrichir sa relation avec Léa, tout en continuant à valoriser et à renouveler son propre sac à dos de pierres précieuses. Cela lui permet de maintenir son estime de soi tout en étant flexible dans sa relation.

Pour surmonter ces craintes, il est important de travailler sur l'estime de soi et la confiance en l'autre. Cela peut impliquer de reconnaître ses propres limites et de communiquer ouvertement ses besoins et désirs dans la relation.

Voici quelques étapes qui peuvent aider à développer la capacité de faire des concessions :

1. **Reconnaissance des Peurs** : Identifier et accepter les peurs liées à l'abandon et à la perte.

2. **Communication** : Exprimer clairement ses besoins et attentes tout en étant à l'écoute de ceux de l'autre.

3. **Confiance** : Construire une confiance mutuelle qui permet de se sentir en sécurité même en faisant des concessions.

4. **Flexibilité** : Être ouvert au changement et aux ajustements nécessaires pour le bien-être de la relation.

5. **Thérapie** : Considérer une thérapie pour travailler sur les problèmes d'attachement et améliorer l'estime de soi.

En pratiquant ces étapes, les individus peuvent apprendre à équilibrer leurs besoins avec ceux des autres, menant ainsi à des relations plus harmonieuses et satisfaisantes.

Cultiver la patience et la tolérance.

Cultiver la patience et la tolérance est essentiel pour surmonter l'attachement anxieux. Cela permet de renforcer la confiance en soi et de construire des relations plus saines. Mais comment y parvenir ?

Avez-vous déjà remarqué à quel point il est difficile d'être patient et tolérant lorsque l'on est submergé par l'anxiété et la peur ? Comment pouvons-nous changer notre façon de percevoir les événements et les comportements des autres pour cultiver la patience et la tolérance ?

Comme un arbre qui plie sous le vent mais ne se brise pas, nous pouvons apprendre à être flexibles et à nous adapter aux situations imprévues. Comme un musicien qui accorde son instrument, nous pouvons apprendre à ajuster nos filtres mentaux pour interpréter les comportements des autres de manière plus juste et plus positive. Cultiver la patience et la tolérance est important pour améliorer sa vie et son développement personnel. Cela permet de réduire l'anxiété et la peur, de renforcer la confiance en soi et de construire des relations plus saines et plus épanouissantes. En apprenant à être patient et tolérant, nous pouvons trouver un équilibre entre nos propres besoins et ceux des autres, et ainsi vivre une vie plus harmonieuse et plus satisfaisante.

Les personnes souffrant d'attachement anxieux ont tendance à avoir des filtres mentaux qui interprètent les comportements des autres comme étant menaçants ou hostiles, ce qui peut entraîner une anxiété constante et une tendance à vouloir tout contrôler.

Pour cultiver la patience et la tolérance dans l'attachement anxieux, voici une fiche pratique en trois étapes :

1. **Prendre conscience de ses filtres mentaux :** Pour changer notre façon de percevoir les événements et les comportements des autres, il est important de prendre conscience de nos filtres mentaux. Cela peut se faire en prenant le temps de réfléchir à nos pensées et à nos émotions, et en identifiant les schémas de pensée négatifs qui peuvent nous amener à interpréter les comportements des autres de manière négative.

2. **Pratiquer la pleine conscience :** La pleine conscience consiste à porter son attention sur le moment présent, sans jugement. En pratiquant la pleine conscience, nous pouvons apprendre à être plus conscients de nos émotions et de nos pensées, et à les accepter sans les juger. Cela peut nous aider à réduire l'anxiété et à cultiver la patience et la tolérance.

3. **Faire des concessions** : Dans les relations interpersonnelles, il est important de trouver un équilibre entre ses propres besoins et ceux des autres. Les personnes souffrant d'attachement anxieux peuvent avoir tendance à vouloir tout contrôler et à avoir du mal à faire des concessions. Apprendre à faire des concessions peut aider à renforcer la confiance et à construire des relations plus saines.

> **Exemple concret** : Imaginez que vous êtes en couple avec une personne qui a tendance à être en retard aux rendez-vous. Si vous souffrez d'attachement anxieux, vous pouvez interpréter ce comportement comme étant un manque de respect ou un signe que la personne ne tient pas à vous. En utilisant la fiche pratique ci-dessus, vous pouvez :
>
> 1. **Prendre conscience de vos filtres mentaux** : Vous pouvez réfléchir à vos pensées et à vos émotions, et vous rendre compte que vous interprétez le retard de votre partenaire comme un manque de respect.
>
> 2. **Pratiquer la pleine conscience** : Vous pouvez prendre quelques respirations profondes et vous concentrer sur le moment présent, en acceptant vos émotions sans les juger.
>
> 3. **Faire des concessions** : Vous pouvez discuter avec votre partenaire et trouver un compromis, en convenant par exemple d'un horaire plus souple ou en acceptant que le retard fasse partie de sa personnalité.

Contre-exemple :

Si vous ne faites pas d'efforts pour cultiver la patience et la tolérance, vous pouvez vous retrouver dans une situation où votre anxiété et votre peur prennent le dessus, ce qui peut entraîner des conflits et des tensions dans vos relations interpersonnelles.

Je sais à quel point il peut être difficile de cultiver la patience et la tolérance lorsque l'on souffre d'attachement anxieux. Mais en prenant conscience de nos filtres mentaux, en pratiquant la pleine conscience et en faisant des concessions, nous pouvons apprendre à vivre une vie plus harmonieuse et plus épanouissante. Alors, n'hésitez pas à mettre en pratique ces techniques, et rappelez-vous que la patience et la tolérance sont des compétences qui se cultivent avec le temps et la pratique.

Gérer la frustration et l'ambiguïté

La Frustration, ce monstre famélique qui se nourrit de nos désirs inassouvis, grandissant, s'enflant jusqu'à devenir un monstre qui dévore notre paix intérieure. Elle est là, tapie dans l'ombre de nos attentes, prête à bondir à la moindre occasion. Gérer cette frustration, c'est apprendre à domestiquer le monstre, à le transformer en un compagnon de route qui nous enseigne plutôt qu'il ne nous tourmente.

L'Ambiguïté, ce labyrinthe sans fin dans lequel nous errons, cherchant en vain une sortie, un chemin clair ? L'ambiguïté est le reflet de notre monde complexe, où chaque vérité est multiple, chaque certitude est provisoire. Accepter l'ambiguïté, c'est accepter de ne pas toujours comprendre, de ne pas toujours savoir, et de trouver la paix dans cette incertitude.

Imaginez un monde où chaque désir est instantanément satisfait, où chaque question trouve une réponse claire et précise. Ce monde parfait n'existe pas, et heureusement d'ailleurs, car c'est dans l'imperfection et l'incertitude que réside la beauté de la vie. Pourtant, lorsque l'on souffre d'attachement anxieux, la frustration et l'ambiguïté peuvent devenir des monstres qui nous dévorent de l'intérieur. Dans cette section, nous allons explorer comment domestiquer ces monstres, comment transformer la frustration en une opportunité de croissance et comment trouver la paix dans l'incertitude de l'ambiguïté.

Il était une fois un homme qui avait tout pour être heureux : une belle maison, une famille aimante, un travail épanouissant. Pourtant, il était constamment rongé par la frustration. Il voulait toujours plus, toujours mieux, et chaque désir inassouvi le rendait plus malheureux. Un jour, il rencontra un vieux sage qui lui dit : *"Tu es comme un homme qui a soif et qui boit de l'eau salée. Plus il boit, plus il a soif. Pour étancher ta soif, tu dois apprendre à boire à la source de la vie, à savourer chaque instant, chaque expérience, plutôt que de courir après des désirs insatiables."*

Gérer la frustration et l'ambiguïté est essentiel pour surmonter l'attachement anxieux. Cela permet de réduire l'anxiété et la peur, de renforcer la confiance en soi et de construire des relations plus saines. Mais comment y parvenir ? Comment pouvons-nous transformer la frustration en une opportunité de croissance ? Comment pouvons-nous trouver la paix dans l'incertitude de l'ambiguïté ?

Comme un alchimiste qui transforme le plomb en or, nous pouvons transformer la frustration en une opportunité de croissance. Pour y parvenir voici une fiche pratique en trois étapes :

1. **Identifier les émotions et les pensées** : Pour gérer la frustration et l'ambiguïté, il est important de prendre conscience de nos émotions et de nos pensées. Cela peut se faire en prenant le temps de réfléchir à ce que l'on ressent et à ce que l'on pense, en identifiant les émotions et les pensées qui surgissent.

2. **Trouver un sens** : La frustration et l'ambiguïté peuvent être des occasions de trouver un sens à nos expériences. En cherchant à comprendre ce que ces émotions

nous enseignent, nous pouvons transformer la frustration en une opportunité de croissance et trouver la paix dans l'incertitude de l'ambiguïté.

3. **Pratiquer la pleine conscience** : La pleine conscience consiste à porter son attention sur le moment présent, sans jugement. En pratiquant la pleine conscience, nous pouvons apprendre à accepter les émotions et les pensées qui surgissent, sans les juger ni les réprimer. Cela peut nous aider à trouver la paix dans l'incertitude et à gérer la frustration de manière plus saine.

Exemple concret : Imaginez que vous êtes dans une relation amoureuse, mais que votre partenaire ne vous donne pas autant d'attention que vous le souhaiteriez. Vous pouvez vous sentir frustré et anxieux face à cette situation. En utilisant la fiche pratique ci-dessus, vous pouvez :

1. **Identifier les émotions et les pensées** : Vous pouvez prendre le temps de réfléchir à ce que vous ressentez et à ce que vous pensez. Est-ce que je me sens triste ? Est-ce que je pense que mon partenaire ne m'aime pas assez ?

2. **Trouver un sens** : Vous pouvez chercher à comprendre ce que cette frustration vous enseigne. Est-ce que cela reflète un besoin d'affection plus profond ? Est-ce que cela reflète une peur de l'abandon ?

3. **Pratiquer la pleine conscience** : Vous pouvez pratiquer la pleine conscience en portant votre attention sur le moment présent, en acceptant les émotions et les pensées qui surgissent, sans les juger ni les réprimer. Vous pouvez vous concentrer sur votre respiration et sur les sensations de votre corps, pour trouver la paix dans l'incertitude.

Contre-exemple : Si vous ne faites pas d'efforts pour gérer la frustration et l'ambiguïté, vous pouvez vous retrouver dans une situation où votre anxiété et votre peur prennent le dessus, ce qui peut entraîner des conflits et des tensions dans vos relations interpersonnelles.

Je sais à quel point il peut être difficile de gérer la frustration et l'ambiguïté lorsque l'on souffre d'attachement anxieux. Mais en identifiant nos émotions et nos pensées, en cherchant à comprendre ce que ces émotions nous enseignent, et en pratiquant la pleine conscience, nous pouvons apprendre à transformer la frustration en une opportunité de croissance et à trouver la paix dans l'incertitude de l'ambiguïté. Alors, n'hésitez pas à mettre en pratique ces techniques, et rappelez-vous que la patience et la tolérance sont des compétences qui se cultivent avec le temps et la pratique.

Accepter le processus plutôt que le résultat.

Le Processus, ce fleuve impétueux. Nous voulons des résultats, des aboutissements, des fins heureuses. Mais la vie n'est pas un conte de fées, et chaque histoire n'a pas une fin clairement définie. Le processus est un fleuve impétueux qui nous emporte, et nous devons apprendre à naviguer ses eaux tumultueuses sans attendre de voir le rivage. C'est dans le voyage, dans l'expérience, dans le vécu que réside la véritable richesse de l'existence.

Avez-vous déjà remarqué à quel point nous sommes obsédés par les résultats ? Nous voulons atteindre des objectifs, accomplir des choses, arriver à destination. Mais en nous focalisant uniquement sur la fin, nous risquons de passer à côté de l'essentiel : le voyage lui-même.

Imaginez un enfant qui reçoit un magnifique cadeau d'anniversaire emballé dans un joli papier. Que fait-il la plupart du temps ? Il déchire frénétiquement l'emballage pour accéder au contenu sans vraiment prêter attention à ce merveilleux aspect du processus qu'est le déballage. C'est un peu comme si nous courions sans cesse après le paquet cadeau sans jamais prendre le temps de savourer l'expérience.

La vie est comme un fleuve impétueux qui coule sans cesse, emportant sur son passage tout ce qui se dresse. On ne peut arrêter son flot, ni contrôler son parcours sinueux. La seule chose que nous puissions faire, c'est apprendre à naviguer sur ses eaux tumultueuses, à profiter de chaque instant, de chaque virage, de chaque remous. Car c'est dans ces petits moments apparemment anodins que se trouve la véritable richesse de l'existence. Dans le rire partagé avec un être cher. Dans la contemplation d'un coucher de soleil. Dans la dégustation d'un plat savoureux. Dans l'émerveillement d'un enfant découvrant le monde. Bien souvent, notre attachement anxieux nous pousse à espérer un résultat parfait, idéalisé. Une relation amoureuse épanouie. Une carrière valorisante. Une famille unie. Mais en nous projetant sans cesse vers cette fin illusoire, nous en oublions de vivre pleinement le présent.

Je prendrai l'exemple de Lucie, une jeune femme de 30 ans que j'ai suivie en consultation. Brillante avocate, elle se donnait corps et âme à son métier, enchaînant les heures supplémentaires pour devenir associée dans son prestigieux cabinet. Mais malgré ses succès professionnels, Lucie se sentait vide et malheureuse. Elle avait tellement idéalisé ce statut d'associée, le voyant comme la réalisation ultime, qu'elle en avait occulté tout le reste. Jusqu'au jour où une remise en question lui fit réaliser que le véritable accomplissement ne se trouvait pas dans le titre, mais dans le quotidien. Les sourires complices avec ses collègues. Les défis stimulants. Le sentiment du devoir accompli auprès de ses clients. En prenant conscience de l'importance du processus plutôt que du résultat, Lucie put enfin se délester de ce poids et profiter pleinement de son parcours. Bien sûr, l'attachement anxieux ne disparaît pas comme par magie. C'est un chemin qui se travaille au quotidien, notamment à travers des techniques comme :

- ➢ **La pleine conscience** : en étant attentif au moment présent, à nos sensations corporelles, nos émotions, nos pensées, sans les juger
- ➢ **La gratitude** : prendre le temps chaque jour de noter les petits bonheurs, les choses simples qui nous remplissent de reconnaissance
- ➢ **L'ancrage dans le "ici et maintenant"** : se rappeler que le passé est révolu et que le futur n'est qu'une projection de notre esprit, seul le présent est réel
- ➢ **L'acceptation des émotions** : accueillir avec douceur et bienveillance nos peurs, nos doutes, plutôt que de les repousser

Accepter le processus de la vie, c'est comme se laisser porter par le courant d'une rivière tout en profitant du paysage. Il y aura des rapides, des tourbillons, des passages plus calmes, mais chaque instant sera une expérience unique à savourer. Alors n'ayez pas peur de lâcher prise et de vous laisser guider par le fleuve, une surprise merveilleuse pourrait vous attendre au prochain virage.

Apprendre à attendre.

L'Art d'attendre, ce ballet silencieux : Apprendre à attendre, c'est apprendre à danser un ballet silencieux avec le temps. C'est comprendre que chaque chose viendra en son heure, et que l'impatience n'est qu'une danse désordonnée qui nous épuise sans nous mener nulle part.

Vivons-nous dans une époque d'impatience ? Il semble que oui. Nous voulons tout, tout de suite. Des résultats instantanés, des raccourcis vers le succès, des relations amoureuses parfaites dès le départ. Mais avons-nous seulement conscience du trésor que représente la patience ? De la beauté qu'il y a dans l'attente ? Prenons l'exemple de la nature. Observez une graine qu'on plante en terre. Que se passe-t-il dans les semaines qui suivent ? En apparence, rien. Pourtant, une incroyable alchimie opère dans le secret du sol. La graine germera quand elle sera prête, ni avant ni après. Elle suivra son propre rythme, sans se soucier de notre impatience ou de nos attentes.

Et n'est-ce pas là le propre de toute grande chose ? Les plus belles choses de la vie demandent du temps, de la maturation. Un vin d'exception vieillit durant des années avant de dévoiler tous ses arômes complexes. Un être humain grandit lentement, traversant des phases essentielles avant d'atteindre l'âge adulte. Un chef-d'œuvre littéraire ou artistique demande souvent des années de labeur acharné avant de voir le jour. En voulant toujours brûler les étapes, nous finissons par passer à côté de l'essentiel. Nous manquons le délicieux frémissement de l'attente, la magie de la lente maturation, la beauté du cheminement.

Souvenez-vous de ces moments où vous attendiez impatiemment quelque chose avec une indescriptible excitation. Un cadeau à Noël quand vous étiez enfant. Les résultats d'un examen important. ***C'est dans cette attente vibrante, plus que dans l'objet même de votre désir, que résidait la véritable saveur***.

Bien sûr, il ne s'agit pas de tomber dans l'immobilisme ou de repousser indéfiniment ce qu'on peut accomplir dès aujourd'hui. Mais il faut accepter qu'il existe un temps pour chaque chose, un rythme à respecter. C'est ce que les jardiniers connaissent bien : on ne peut forcer la nature sans la dénaturer.

J'ai eu l'occasion d'accompagner Marie, une femme d'une trentaine d'années, dans sa quête pour trouver l'âme sœur. Charmante et dynamique, elle enchaînait rendez-vous sur rendez-vous, persuadée d'accélérer ainsi le processus. Mais plus elle forçait les choses, plus elle s'épuisait et plus son moral en prenait un coup à chaque déconvenue. Un jour, Marie a décidé de changer d'approche. Au lieu de se focaliser sur le résultat tant espéré, elle s'est appliquée à savourer chaque étape, chaque rencontre, aussi décevante soit-elle. De se laisser porter par le cours naturel des choses, sans rien brusquer. C'est alors qu'un changement s'est opéré. L'impatience s'est muée en patience, l'amertume en gratitude pour le chemin parcouru. Et que croyez-vous qu'il se soit passé ? L'amour est entré dans sa vie, comme une évidence, au moment où elle s'y attendait le moins.

Alors oui, apprenons à attendre. A nous accorder au rythme de la vie, à apprécier le délicieux intervalle avant la résolution d'un désir ou d'une attente. Respirons durant ces longs temps morts qui nous paraissent interminables mais qui sont en réalité de précieuses gestations. Comme un funambule sur son fil, dansons avec patience et présence au ballet de l'existence. Chaque chose viendra en son temps si nous laissons le processus suivre son cours avec confiance et sérénité.

Cultiver la patience et la tolérance pour surmonter l'attachement anxieux, c'est entreprendre une odyssée émotionnelle, un voyage au cœur de soi-même. C'est découvrir que, dans le silence de l'attente, dans la sérénité de l'acceptation, réside une force insoupçonnée, un pouvoir de résilience qui nous transforme et nous élève.

« *La patience est l'art d'espérer* », disait Vauvenargues. Espérer, non pas dans le sens d'attendre passivement, mais dans l'acte actif de cultiver en soi les jardins de la tolérance et de la patience, là où fleurissent la compréhension et l'amour véritable

Étape 5 - Retrouver son autonomie affective

Objectif de cette étape: Établir une indépendance émotionnelle en posant des limites saines et en cultivant des intérêts personnels en dehors des relations.

Poser ses limites de façon saine.

Avez-vous déjà ressenti cette sensation familière d'empiètement ? Comme si une partie de vous-même était envahie, bafouée, transgressée ? C'est le signal d'alarme qui vous avertit que l'une de vos limites personnelles a été franchie. Ces limites, aussi invisibles soient-elles, sont les sentinelles qui protègent notre équilibre, notre intégrité. Des frontières qui définissent les contours de ce que nous sommes prêts à tolérer et à accepter dans nos relations aux autres comme à nous-mêmes. Trop souvent pourtant, nous les délaissons au profit d'une fausse abnégation. Par peur du conflit ou par manque d'estime de soi, nous nous plions aux exigences extérieures jusqu'à en perdre notre essence. Qui n'a jamais cédé à un caprice par culpabilité ? Accepté une charge de travail démesurée par devoir ? Ou encore encaissé une remarque désobligeante par lâcheté ?

Je me rappelle de Claire, assistante administrative dans une grosse société. Son patron, M. Durant, homme d'allure affable mais au caractère bien trempé, n'avait que faire des limites d'autrui. Ses colères légendaires faisaient régner la terreur sur tout l'étage. Plutôt que de lui tenir tête, Claire préférait baisser les yeux et encaisser ses piques et ses pics de stress en silence. Jusqu'au jour où l'accumulation fit monter sa pression à un niveau inquiétant. C'est alors que Claire comprit une vérité essentielle : poser ses limites, loin d'être un acte d'égoïsme, est un impératif pour préserver son bien-être physique et mental. Un rempart contre l'épuisement, l'anxiété, la dépression. Une défense contre la compromission de nos valeurs les plus chères. Mais comment s'y prendre sans froisser, sans braquer ? La clé réside dans l'affirmation de soi, cette capacité à exprimer ses besoins avec fermeté et respect. Plutôt que de laisser les tensions s'accumuler, mieux vaut aborder les sujets qui fâchent avec calme et sérénité.

"Je comprends ton point de vue M. Durant, mais je ne peux malheureusement pas prendre en charge ces tâches supplémentaires pour le moment. Mes priorités sont déjà nombreuses." a dit claire à son patron.

L'assertivité, ce ton mesuré et posé permet de dire les choses avec diplomatie, tout en restant inflexible sur le fond. Elle vous aidera à identifier et exprimer clairement vos limites personnelles, qu'elles soient d'ordre physique, émotionnel, moral ou psychologique. Prenez l'habitude de les réaffirmer régulièrement, même avec vos proches. *Par exemple, "Je sais que tu voulais me voir ce soir chéri, mais j'ai vraiment besoin d'une soirée pour moi."* Pas de justifications fastidieuses, juste un préavis posé et serein. N'ayez crainte, vos relations n'en seront que plus solides une fois vos frontières clarifiées.

Oser dire "non" à ce qui nous dépasse, nous violente ou nous fait sortir de notre zone de confort requiert du courage. Mais n'est-ce pas là le prix à payer pour se respecter soi-même ? Pour avancer dans la vie avec intégrité, en phase avec ses valeurs fondamentales ? Alors écoutez les signaux de votre corps et de votre cœur. Identifiez ces moments où quelque chose sonne faux, où l'inconfort pointe. Ce sont les gardiennes de vos limites qui vous appellent à les réaffirmer. À les honorer avec autant de fermeté que de bienveillance. Car poser ses limites, c'est se les poser à soi-même avant tout. C'est se donner la permission d'être pleinement soi, sans peur ni entrave.

Poser ses limites est essentiel pour se protéger soi-même et pour établir des relations saines et équilibrées avec les autres. Les limites sont des frontières invisibles qui définissent ce que nous sommes prêts à accepter ou à tolérer dans une relation. Pour poser ses limites de façon saine, il faut prendre conscience de ses besoins, de ses valeurs et de ses émotions. Cela peut se faire en prenant le temps de réfléchir à ce que l'on ressent et à ce que l'on veut vraiment. Il faut également communiquer clairement ses limites aux autres, en utilisant un langage assertif et respectueux. Les limites peuvent être physiques, émotionnelles ou mentales, et elles peuvent concerner différents aspects de la vie, comme le travail, les relations amoureuses ou amicales, la famille, etc.

Communiquer de manière assertive.

Avez-vous remarqué à quel point nos échanges peuvent parfois virer au dialogue de sourds ? D'un côté, quelqu'un qui radote, s'emporte, impose ses vues sans ménagement. De l'autre, une personne qui se rétracte, fuit, perd ses mots face à cette tornade verbale. Entre ces deux extrêmes se trouve pourtant une troisième voie, un équilibre délicat mais ô combien précieux : la communication assertive.

L'assertivité est un art, une harmonieuse alchimie entre affirmation de soi et considération d'autrui. Ni agressivité dévastatrice, ni soumission écrasante, mais une voix posée qui porte loin, avec respect et fermeté.

Caroline, jeune mère de deux enfants, en a fait l'amère expérience. Avec sa nature réservée, elle avait du mal à se faire entendre de son mari Tristan, qui était constamment accaparé par son travail. Lorsqu'elle osait se plaindre, c'était sur un ton larmoyant qui avait tendance à agacer son mari plutôt qu'à le faire réagir. La manière dont Tristan formulait ses exigences consistait en des ordres secs, presque militaires. Jusqu'au jour où leur rapport de force a atteint un point de non-retour.

C'est alors que je leur ai enseigné les principes de base de l'affirmation de soi. Il s'agissait de règles simples, mais extrêmement efficaces :

> **Identifier ses besoins, ses limites et ses émotions de façon claire et factuelle.** Plutôt que de reprocher à Tristan son manque de temps accordé à la famille, Caroline apprit à formuler des demandes précises *: "J'ai besoin que tu sois plus présent le soir pour m'aider avec les enfants."*

> **Utiliser des messages à la première personne pour prendre la responsabilité de ses dires, sans accuser ni généraliser.** *"Je me sens dépassée par la charge mentale en ce moment"*, au lieu de *"Tu ne m'aides jamais avec les tâches ménagères !"*

> **Choisir un langage positif, descriptif et dénué de jugement moral.** *"J'apprécie quand tu passes du temps avec les enfants, cela me soulage énormément"* plutôt que la pique acerbe *"Tu n'es jamais là !"*

> **Écouter activement son interlocuteur, sans l'interrompre ni camper sur ses positions.** Caroline ne coupait plus la parole à Tristan quand il exposait les difficultés de son emploi du temps chargé.

> **Trouver des solutions par le dialogue et le compromis en prenant en compte les besoins des deux parties.** Plutôt que d'imposer d'autorité un programme familial, ils ont pu définir ensemble des plages de temps dédiées à leurs activités respectives.

Bien que cela ait été un long processus d'apprentissage, le couple a ainsi gagné une énorme sérénité. Il n'y avait plus de conflits stériles ni de colère dévorante, mais un apaisement né du respect mutuel. Caroline se sentait enfin écoutée et considérée, tandis que Tristan n'avait plus l'impression d'être constamment sur la défensive et de ne pas être compris dans ses propres combats.

Comme eux, commencez dès aujourd'hui ce merveilleux voyage vers une communication saine et épanouissante. Prenez le temps d'observer les schémas qui minent vos interactions. Découvrez quand vous vous retirez par peur des conflits ou quand vous montez sur vos grands chevaux. Inspirez, expirez et répondez avec la voix confiante et bienveillante que vous trouvez dans votre poitrine. Car au fond, l'affirmation de soi n'est rien d'autre que le langage de l'équilibre et de l'adéquation. Le langage qui permet d'être soi-même, de rester intègre tout en respectant l'existence légitime de l'autre. Un merveilleux cadeau à s'offrir et à offrir à ses plus proches amis et connaissances.

Savoir dire non avec bienveillance.

Savoir dire non est essentiel pour se respecter soi-même et pour établir des relations saines et équilibrées avec les autres. Pourtant, pour les personnes souffrant d'attachement anxieux, dire non peut être difficile, car cela peut être perçu comme un rejet ou une trahison. Pour dire non avec bienveillance, il est important de prendre conscience de ses besoins et de ses limites, de formuler un refus clair et respectueux, et de proposer des alternatives ou des compromis si cela est possible. Il est également important de se rappeler que dire non ne signifie pas rejeter l'autre, mais plutôt se respecter soi-même et ses propres besoins.

Le pouvoir libérateur du "non" :

Avez-vous déjà ressenti ce malaise insidieux monter en vous lorsqu'on vous demande quelque chose qui vous dépasse ? Cette pression qui vous pousse à dire "oui" par réflexe, bien que chaque fibre de votre être vous crie "non" ? C'est le piège de la compromise perpétuelle dans lequel nous enferme souvent notre difficulté à poser nos limites. Pourtant, se respecter soi-même passe inévitablement par cette capacité à refuser ce qui nous excède ou nous fait sortir de notre zone de confort. Dire non, loin d'être un affront ou un caprice, est un impératif pour préserver son équilibre et son intégrité.

Je me souviens encore de Julien, la trentaine, prospère mais épuisé, qui est venu me voir parce qu'il se sentait de plus en plus mal. Ses journées étaient un tourbillon permanent d'engagements de toutes sortes, à tel point qu'il n'avait pas une minute à lui. « Mais comment refuser, j'avais peur de le décevoir ou de paraître égoïste... »

La plupart d'entre nous n'ont-ils pas été conditionnés à considérer le mot "non" comme un gros mot ? Quelque chose d'irrespectueux, d'impoli, à bannir à tout prix de notre vocabulaire ? Et pourtant, quelle libération que de se réapproprier notre droit fondamental : Le droit de dire non. Car la vérité est que savoir dire "non" est un art délicat qu'il faut pratiquer avec tact et fermeté. C'est un rempart contre le burn-out, bien sûr, mais c'est aussi un gage d'ouverture dans nos relations avec les autres. Plutôt qu'un refus catégorique, ajoutez au "non" du tact et de la gratitude. *"Merci pour votre invitation qui me touche beaucoup. Mais je crains de ne pas pouvoir me joindre à vous ce soir, car j'ai un engagement de dernière minute".* Justifiez votre refus autant que possible et expliquez vos raisons de manière transparente. *« J'ai beaucoup d'autres projets en ce moment, je ne peux pas prendre plus de travail sinon je vais tout gâcher. »* Et surtout, n'ayez pas peur de proposer un compromis, des alternatives qui permettront de répondre en partie à la demande. *"Je ne pourrai pas m'en occuper cette semaine, mais se serait un plaisir la semaine prochaine si tu veux."*

Avec de l'entraînement, dire non devient aussi naturel que respirer. Un outil formidable pour affirmer sa liberté sans renier les autres. Car la plus grande preuve de considération n'est-elle pas d'être pleinement soi-même, sans faux-semblants ? Alors n'ayez plus peur de revendiquer haut et fort votre droit le plus inaliénable : celui d'être vous-même. De faire des choix en accord avec votre rythme, votre énergie, vos objectifs. Un "non" respectueux mais sans appel est souvent la plus belle des permissions que vous pouvez vous offrir.

Respecter ses propres besoins.

Imaginez un jardin luxuriant, où s'épanouissent mille et une fleurs aux couleurs et aux parfums enivrants. Chaque plant, chaque arbuste représente l'un de vos besoins fondamentaux, ces aspirations profondes qui donnent tout son éclat à votre existence. Mais que se passerait-il si vous commenciez à négliger l'arrosage et l'entretien de ce jardin merveilleux ? Les tiges splendides ne tarderaient pas à se flétrir, les pétales délicats à se faner. Jusqu'à n'être plus qu'un triste champ de terres arides et desséchées. Prendre soin de ses besoins, c'est un peu comme être le jardinier attentionné de son propre bien-être. Un défi de tous les instants, qui réclame patience, discipline mais aussi une forme d'amour de soi pour ne rien laisser dépérir.

À première vue, il peut sembler égoïste de placer ses priorités au centre de tout. Pourtant, respecter ses besoins n'est rien de moins qu'une nécessité absolue si l'on veut se réaliser pleinement et établir des relations saines avec les autres.

Je me souviens de Samantha, une femme épuisée qui est venue me voir pour des problèmes chroniques de sommeil. Épuisée par ses longues journées de travail, elle avait fini par tout sacrifier sur l'autel de ses ambitions professionnelles, y compris les périodes de repos dont elle avait tant besoin. Pendant de longs mois, elle est restée sourde aux appels de son corps et aux signaux d'alarme envoyés par ses insomnies récurrentes.

Samantha a finalement pu sortir de ce cercle vicieux en l'aidant à reprendre le contrôle et à placer ses besoins fondamentaux au centre de ses priorités. Meilleur suivi de son alimentation, réorganisation de son emploi du temps pour y inclure des moments de détente et d'activité physique, quelques séances de respiration profonde... Peu à peu, de bonnes habitudes se sont installées dans son quotidien, et avec elles, une cure de jouvence bien méritée.

Comme Samantha, prenez conscience des fleurs qui fanent les unes après les autres dans le jardin de vos priorités. Les signes de votre corps, de votre mental ou de vos relations qui trahissent un besoin en souffrance. La fatigue, la nervosité ou encore les conflits à répétition sont autant de rappels qu'il est urgent de se recentrer sur l'essentiel. Accordez-vous ces moments de pleine conscience où vous prêtez une oreille attentive à vos envies les plus profondes. Pas seulement les besoins primaires comme se nourrir ou se reposer, mais aussi ces aspirations plus subtiles comme le besoin de vous accomplir, de vous détendre ou encore de créer des liens. Ensuite, à vous de définir vos priorités avec justesse et discernement. Élaguer les tâches superflues au profit de ce qui compte vraiment. Et surtout, cultivez ces précieux jardins intérieurs avec autant de dévotion que de douceur. Car prendre soin de soi n'est pas un pêché, un luxe réservé à une élite : c'est la voie royale vers l'harmonie, cette mélodieuse symphonie où chaque partie de votre être vibre en pleine résonance avec les autres.

Lorsque vous aurez appris à honorer avec bienveillance vos aspirations les plus essentielles, alors vous pourrez enfin déployer vos ailes et laisser éclore la sublime fleur de votre plein potentiel.

Conclusion :

Retrouver son autonomie affective est essentiel pour surmonter l'attachement anxieux et pour établir des relations saines et équilibrées avec les autres. Pour y parvenir, il est important de poser ses limites de façon saine, de communiquer de manière assertive, de savoir dire non avec bienveillance et de respecter ses propres besoins. Ces compétences peuvent être apprises et développées avec le temps et la pratique, en utilisant des techniques telles que la pleine conscience, la thérapie cognitivo-comportementale, ou la thérapie d'acceptation et d'engagement. En retrouvant son autonomie affective, les personnes souffrant d'attachement anxieux peuvent apprendre à se respecter soi-même et à établir des relations saines et équilibrées avec les autres, basées sur la confiance, le respect et l'amour.

Se reconstruire en dehors de la relation.

Se reconstruire en dehors de la relation peut sembler effrayant et difficile, mais c'est une étape importante pour surmonter l'attachement anxieux. Nous allons parler de quelques conseils pour vous aider.

Développer ses passions personnelles

Connaissez-vous cette sensation agréable de vous perdre complètement dans une activité qui vous passionne ? Cette sensation de plénitude, comme si vous étiez en parfait accord avec vous-même et le monde qui vous entoure ? C'est la magie d'une passion qui vous anime, cette flamme intérieure qui donne de la saveur et de l'intensité à votre existence. Pourtant, nombreux sont ceux qui finissent par étouffer cette flamme en se consacrant exclusivement à une relation amoureuse, laissant de côté les activités qui les faisaient vibrer auparavant. C'est un peu comme arrêter de respirer, à petit feu. Se priver de ces précieuses bouffées d'air que sont les passe-temps, les loisirs, les centres d'intérêt qui nous permettent d'être pleinement nous-mêmes. Jusqu'à l'étouffement inévitable lorsque le souffle vient à manquer.

Peut-être vous reconnaissez-vous dans le parcours de Léa, une jeune femme qui avait peu à peu délaissé sa passion pour la peinture à mesure que sa relation de couple devenait son unique priorité. Quand elle franchit la porte de mon cabinet, tout son être respirait la frustration et l'insatisfaction. Ses épaules avachies, ses gestes las en disaient long sur le vide que la fin de cette histoire avait laissé en elle. Ensemble, nous avons alors réveillé la flamme de sa créativité, ravivé ces couleurs encore vives sous les couches de routine. Un coup de pinceau après l'autre, une toile après l'autre, Léa puisa dans cette source vive pour renaître à elle-même. Une reconstruction par la passion, un renouveau issu du simple plaisir de créer. Car n'est-ce pas là le plus beau des accomplissements que de savourer de nouveau les douceurs de la vie sans avoir constamment besoin d'autrui ? Que ce soit la peinture, la randonnée ou le jardinage, toute activité personnelle est un souffle bienvenu pour se ressourcer et prendre soin de son équilibre.

Alors réveillez les passions qui sommeillent au fond de votre être et laissez-les vous porter sur les chemins de l'épanouissement. Osez dire oui à ces petits bonheurs trop longtemps délaissés. Votre âme vous en sera infiniment reconnaissante.

Entretenir ses amitiés

Autrefois, nos liens amicaux étaient comme des phares qui guidaient nos pas sur les chemins sinueux de la vie. Ces connexions profondes avec des êtres chers qui partagent nos valeurs, nos espoirs et nos parcours. Cependant, dans les tourments d'une relation amoureuse exclusive, nous avons tendance à négliger ces amitiés précieuses. Happés par les tourments du couple, nous en venons à délaisser ces attaches essentielles, au risque de les voir se distendre jusqu'à la rupture.

C'est ce qui est arrivé à Samia, une femme épanouie de la trentaine, qui s'est retrouvée en pleine dépression après une séparation particulièrement douloureuse. Dans son désarroi, elle ne put compter sur le réconfort d'amis proches... pour la bonne raison qu'elle les avait peu à peu délaissés au profit de son histoire d'amour. Cette prise de conscience l'amena à réaliser à quel point ces attaches représentent des remparts contre la solitude, des liaisons indispensables en cas de coup dur. Elle se jura alors de ne plus jamais sacrifier ces liens si précieux sur l'autel du couple. Car au fond, les amitiés sont de véritables phares qui nous permettent de garder le cap, la tête haute, dans la tempête comme dans l'accalmie. Des amarres solides qui nous rappellent qui nous sommes réellement par-delà les flots tumultueux des histoires personnelles.

N'avez-vous jamais ressenti l'apaisement, presque viscéral, d'une conversation avec un vieil ami qui vous connaît par cœur ? Ou cette sensation de ne jamais vraiment être seul, peu importe les épreuves, quand vous savez pouvoir compter sur des êtres loyaux et bienveillants ? C'est pourquoi il est si important d'entretenir ces liens précieux, ces connexions qui vous rappellent à vous-même. De leur réserver des temps à part entière, de les cultiver avec la même dévotion que vous le feriez pour un trésor inestimable.

Prendre soin de soi

Nous avons tous en nous cette petite voix, ce murmure parfois à peine perceptible qui nous souffle ce dont nous avons réellement besoin pour nous sentir mieux. Une soif à étancher, une faim à rassasier, un appel à nous faire du bien de la plus saine des manières. Mais bien trop souvent, nous l'ignorons, la mettons sous le boisseau, au profit de responsabilités et d'injonctions extérieures. Pourtant, n'est-il pas grand temps de réapprendre à nous chouchouter, à renouer avec cette pratique de l'amour de soi trop longtemps négligée ? De redevenir les jardiniers attentionnés de notre bien-être et de notre équilibre plutôt que de laisser notre domaine intérieur à l'abandon ?

Cette prise de conscience, **Inès** l'eut de la manière la plus brutale qui soit après sa séparation : un Corps rongé par l'anxiété et l'insomnie, une estime de soi en lambeaux et des problèmes récurrents de peau qui ne faisaient que la renvoyer à son mal-être.

Accablée, elle réalisa qu'elle s'était tellement oubliée dans cette relation qu'il ne lui restait plus que des miettes. C'est de ces miettes qu'elle dut repartir pour se reconstruire en paix. Pas à pas, séance après séance, elle apprit à renouer avec ses besoins fondamentaux : une alimentation plus équilibrée, une pratique de la méditation pour apaiser son mental, des séances d'acupuncture afin de faire retrouver son souffle à son corps malmené. Comme un serment solennel envers elle-même, Inès se promit de ne plus jamais délaisser cette partie d'elle qui réclamait avec tant d'insistance son dû. Après tout, n'est-on pas le partenaire idéal, celui avec qui on ne se quittera jamais vraiment ? Autant apprendre à se chouchouter pour la vie.

Car prendre soin de soi n'est ni égoisme, ni caprice : c'est un impératif pour pouvoir s'épanouir pleinement et établir des relations saines avec les autres. Un peu comme le sage conseil de bord que l'on vous donne en avion en cas de dépressurisation : mettez d'abord votre masque à oxygène avant de prêter assistance.

Alors goûtez ces petits plaisirs réparateurs sans culpabilité. Savourez ce bain moussant qui vous détend. Savourez ce repas savoureux qui vous réconforte. Savourez cette escapade en pleine nature qui vous ressource. Honorez ces menus bonheurs, vos poumons et votre âme vous en seront infiniment reconnaissants.

Trouver l'équilibre dépendance/indépendance.

Trouver l'équilibre entre dépendance et indépendance peut être un défi pour les personnes souffrant d'attachement anxieux.

Ni fusion, ni isolation

La fusion amoureuse peut sembler être un état envoûtant et passionné, où deux êtres ne font plus qu'un. Cependant, cet état second ne peut pas durer éternellement et peut souvent mener à l'étouffement et à la perte de soi. À l'inverse, une indépendance totale peut conduire à une déconnexion émotionnelle et à des vies parallèles qui ne se croisent que rarement.

Alors, comment trouver l'équilibre entre dépendance et indépendance dans une relation ? La solution réside peut-être dans l'interdépendance mature. Ce modèle permet à deux êtres de maintenir leur propre centre de gravité tout en cohabitant dans une relation saine et équilibrée. Ils sont liés mais jamais prisonniers, ensemble tout en restant pleinement eux-mêmes.

Pour atteindre cet équilibre, il est important de prendre le temps de respirer et de se ressourcer en dehors de la relation. Cela permet de se reconnecter avec son essence la plus intime et de rester soi dans la relation. Il est également important de communiquer ouvertement et honnêtement avec son partenaire, de respecter les limites de chacun et de cultiver des intérêts communs tout en préservant ses propres passions.

Voici une fiche pratique simple pour trouver l'équilibre entre dépendance et indépendance dans une relation :

1. **Prendre le temps de respirer et de se ressourcer en dehors de la relation.** Cela peut inclure des activités telles que la méditation, le sport, la lecture, ou simplement passer du temps seul à réfléchir et à se connecter avec soi-même.
2. **Communiquer ouvertement et honnêtement avec son partenaire.** Il est important de partager ses pensées, ses sentiments et ses besoins avec son partenaire, tout en écoutant activement ses réponses et en respectant ses propres limites.
3. **Respecter les limites de chacun.** Chaque personne a besoin d'espace et de temps pour elle-même, et il est important de respecter ces limites pour maintenir une relation saine et équilibrée.
4. **Cultiver des intérêts communs tout en préservant ses propres passions.** Il est important de trouver un équilibre entre les activités que l'on fait ensemble et celles

que l'on fait séparément. Cela permet de maintenir son indépendance tout en renforçant la connexion avec son partenaire.

5. **Pratiquer l'interdépendance mature.** Cela signifie maintenir son propre centre de gravité tout en cohabitant dans une relation saine et équilibrée. Il s'agit d'être lié mais jamais prisonnier, ensemble tout en restant pleinement soi-même.

En suivant ces étapes simples, il est possible de trouver l'équilibre entre dépendance et indépendance dans une relation. Cela permet de maintenir une relation saine et équilibrée tout en préservant son indépendance et son individualité.

En fin de compte, l'interdépendance mature est un chemin de l'entre-deux qui permet d'avoir le meilleur des deux mondes. Un lien intime et sincère, mais sans cette fusion étouffante. Une relation saine et équilibrée qui n'étouffe pas pour autant nos individualités respectives.

Interdépendance mature

Imaginez deux corps célestes en orbite harmonieuse. Assez proches pour ressentir la chaleur et l'attraction de l'autre. Mais suffisamment distants pour ne pas risquer la collision fatale. Voilà un peu la dynamique subtile sur laquelle repose l'interdépendance mature au sein du couple. Car au fond, n'est-ce pas cet équilibre délicat entre intimité et autonomie qui fait la solidité d'une relation durable ? Se réjouir de partager un espace commun, des valeurs et des projets, tout en cultivant ses propres centres d'intérêt, sa sphère intime à soi.

C'est un peu ce que Samantha et Julien ont appris au fil de leur cheminement de couple. Deux êtres passionnés qui au départ ne juraient que par la fusion intense. Jusqu'au jour où leurs tempéraments ardents finirent par les consumer tout bonnement. "On s'aimait tellement, confiait Samantha, qu'on a fini par plus se ressembler à deux bouts de mèche en train de se consumer !"

C'est ainsi qu'ils comprirent la nécessité vitale de préserver leurs différences plutôt que de vouloir les gommer. De se faire suffisamment confiance pour s'autoriser ces respirations, ces moments pour soi sans arrière-pensée ni sentiment de trahison.

Une nouvelle ère s'ouvrit alors pour eux. Non plus celle de deux corps désespérément soudés, mais celle d'une relation lumineuse où l'autre fait figure de phare stable et rassurant. "Je suis libre d'être moi, résumait Julien avec un sourire. Et en retour, je peux la laisser être pleinement elle-même sans crainte."

Cette interdépendance équilibrée et épanouissante se bâtit sur des piliers essentiels que sont la confiance, le respect mutuel et la communication transparente. Car lorsque ces fondations sont solides, chacun se sent libre d'aller développer son plein potentiel avec la sérénité de savoir son havre amoureux toujours là pour l'accueillir.

Maintenir son individualité dans le couple.

Garder son individualité dans le couple est essentiel pour éviter de se perdre soi-même au fil du temps. La routine et la négligence peuvent miner la relation et conduire à un reniement progressif de ce qui fait notre singularité, au profit d'un conformisme étouffant. Pourtant, c'est cette étincelle d'originalité de chacun qui a fait naître l'étincelle entre vous au départ. Il est donc important de préserver et même cultiver son jardin intérieur avec autant d'attention que le potager commun du couple.

Luc, par exemple, avait longtemps délaissé sa passion pour la musique, jusqu'au jour où un profond sentiment de vide et de frustration l'amena en consultation. Il avait l'impression d'avoir perdu une part de lui-même. Pour que son couple continue à rayonner, il fallait qu'il se réapproprie cette facette de lui-même, non par caprice égoïste, mais par pur respect de son intégrité. Ce retour aux sources s'est avéré certes exigeant en termes d'équilibre, mais combien vivifiant !

En recouvrant son authenticité profonde, Luc fut de nouveau en phase avec lui-même mais aussi avec sa compagne, Carole. Cette dernière, fascinée par le bonheur retrouvé de son mari, se réjouit autant de ce regain de lumière qu'elle ne l'avait vu s'éteindre, étincelle après étincelle, au fil du temps. Leur couple se renouvela de fond en comble ! Non seulement ils restèrent éperdument amoureux après toutes ces années, mais ils redécouvrirent dans le même temps le charme fou de leurs différences complémentaires.

Alors, ne laissez jamais la sédition de l'habitude émousser ce qui fait votre singularité. Entretenez ces passe-temps qui vous ressourcent, ces passions qui vous animent car c'est dans leur éclosion permanente que vous trouverez le carburant du renouveau. Et qui sait, peut-être redécouvrirez-vous, émerveillé, cette petite étincelle qui vous a fait un jour tomber amoureux l'un de l'autre.

Conclusion.

Dans ce livre, nous avons exploré les différentes facettes de l'attachement anxieux, un style d'attachement qui peut affecter profondément notre vie et nos relations. Nous avons vu comment l'attachement anxieux se développe, quels sont les filtres mentaux qui le sous-tendent, et comment il peut entraîner une dépendance affective et une anxiété constante. Nous avons également exploré différentes techniques pour surmonter l'attachement anxieux, telles que la pleine conscience, la thérapie cognitivo-comportementale, la thérapie d'acceptation et d'engagement, et la communication assertive.

Mais surtout, nous avons vu comment retrouver son autonomie affective est essentiel pour surmonter l'attachement anxieux et pour établir des relations saines et équilibrées avec les autres. Retrouver son autonomie affective, c'est apprendre à se respecter soi-même, à poser ses limites de façon saine, à communiquer de manière assertive, à savoir dire non avec bienveillance, et à respecter ses propres besoins. C'est aussi apprendre à accepter l'incertitude et l'ambiguïté, à gérer la frustration et à transformer les émotions négatives en opportunités de croissance.

En somme, surmonter l'attachement anxieux est un processus qui demande du temps, de la patience et de la persévérance, mais c'est aussi un processus qui peut transformer notre vie de manière profonde et positive. En apprenant à nous respecter nous-mêmes et à établir des relations saines et équilibrées avec les autres, nous pouvons trouver la paix intérieure, la confiance en soi et l'amour que nous recherchons tous.

Alors, si vous souffrez d'attachement anxieux, n'abandonnez pas. Rappelez-vous que vous n'êtes pas seul, que vous pouvez apprendre à surmonter votre anxiété et à retrouver votre autonomie affective. Prenez le temps de réfléchir à ce que vous voulez vraiment dans la vie, à ce qui est important pour vous, et mettez en place des stratégies pour atteindre vos objectifs. Entourez-vous de personnes qui vous soutiennent et qui vous encouragent, et n'hésitez pas à demander de l'aide si vous en avez besoin.

En fin de compte, rappelez-vous que vous êtes la personne la plus importante de votre vie, et que vous méritez d'être aimé et respecté. En retrouvant votre autonomie affective, vous pouvez apprendre à vous aimer vous-même, à vous respecter vous-même, et à établir des relations saines et équilibrées avec les autres. Et c'est là que réside la vraie beauté de la vie : dans l'amour, le respect et la connexion avec soi-même et avec les autres.

Messages d'espoir et de confiance

L'attachement anxieux peut sembler être une montagne insurmontable, mais il est important de se rappeler que le changement est possible. Voici quelques messages d'espoir et de confiance pour vous aider à surmonter l'attachement anxieux :

1. **Vous n'êtes pas seul :** L'attachement anxieux est plus courant que vous ne le pensez, et de nombreuses personnes ont réussi à surmonter leurs peurs et leurs insécurités. Vous n'êtes pas seul dans votre lutte, et il existe de nombreuses ressources et personnes qui peuvent vous aider.

2. **Vous pouvez changer :** Le cerveau est incroyablement adaptable, et vous pouvez apprendre à changer vos schémas de pensée et de comportement. En travaillant sur vous-même et en utilisant les techniques appropriées, vous pouvez surmonter l'attachement anxieux et établir des relations saines et équilibrées.

3. **Vous êtes plus fort que vous ne le pensez :** Surmonter l'attachement anxieux demande du courage et de la persévérance, mais vous êtes plus fort que vous ne le pensez. Vous avez en vous les ressources nécessaires pour faire face aux défis et pour grandir en tant que personne.

4. **Vous méritez d'être aimé :** L'attachement anxieux peut vous faire douter de votre valeur en tant que personne, mais il est important de se rappeler que vous méritez d'être aimé et respecté. Vous êtes une personne unique et précieuse, et vous avez le droit de vivre une vie épanouissante et heureuse.

5. **Le changement prend du temps :** Surmonter l'attachement anxieux est un processus qui demande du temps, de la patience et de la persévérance. Il est important de ne pas se décourager si les progrès sont lents, et de se rappeler que chaque petit pas est un pas vers la guérison.

6. **Vous pouvez trouver la paix intérieure :** L'attachement anxieux peut vous faire vous sentir agité et anxieux, mais il est possible de trouver la paix intérieure. En apprenant à vous connecter avec vous-même et à gérer vos émotions, vous pouvez trouver un sentiment de calme et de sérénité.

7. **Vous pouvez établir des relations saines :** L'attachement anxieux peut affecter vos relations, mais il est possible d'établir des relations saines et équilibrées. En apprenant à poser des limites saines, à communiquer de manière assertive et à respecter vos propres besoins, vous pouvez établir des relations basées sur le respect et la confiance.

En gardant ces messages d'espoir et de confiance à l'esprit, vous pouvez surmonter l'attachement anxieux et vivre une vie épanouissante et heureuse. Rappelez-vous que vous êtes la personne la plus importante de votre vie, et que vous méritez d'être aimé et respecté. En prenant soin de vous et en vous respectant vous-même, vous pouvez établir des relations saines et équilibrées avec les autres, et vivre une vie remplie d'amour et de joie.